BESTACTIVITYBOOKS.COM

EERSTE EDITIE - Gepubliceerd in 2022

Extra grafisch materiaal van: www.freepik.com
Dank aan: Alekksall, Starline, Pch.vector, Rawpixel.com, Vectorpocket, Dgim-studio, Upklyak, Macrovector, Stockgiu, Pikisuperstar & Freepik.com Designers

5 TIPS OM TE BEGINNEN!

1) HOE OP TE LOSSEN

De Puzzels zijn in een Klassiek Formaat:

- Woorden worden verborgen zonder pauzes (geen spaties, streepjes, ...)
- Oriëntatie: Voorwaarts & Achterwaarts, Boven & Beneden of in Diagonaal (kan in beide richtingen)
- Woorden kunnen elkaar overlappen of kruisen

2) ACTIEF LEREN

Naast elk woord is een spatie voorzien om de vertaling te noteren. Om actief te leren vindt u een **WOORDENBOEK** aan het einde van deze editie om uw kennis te controleren en uit te breiden. U kunt elke vertaling opzoeken en opschrijven, de woorden in de puzzel vinden en ze vervolgens aan uw woordenschat toevoegen!

3) TAG JE WOORDEN

Hebt u al geprobeerd een labelsysteem te gebruiken? U zou bijvoorbeeld de woorden die moeilijk te vinden waren kunnen markeren met een kruis, de woorden die u leuk vond met een ster, nieuwe woorden met een driehoek, zeldzame woorden met een ruit enzovoort...

4) ORGANISEER UW LEREN

Wij bieden ook een handig **NOTITIEBOEKJE** aan het eind van deze uitgave. Of u nu op vakantie, op reis of thuis bent, u kunt uw nieuwe kennis gemakkelijk ordenen zonder dat u een tweede notitieboek nodig hebt!

5) AFGESLOTEN?

Ga naar de bonussectie: **FINAAL UITDAGING** om een gratis spel te vinden dat aan het einde van deze editie wordt aangeboden!

Wil je meer leuke en leerzame activiteiten? Het is **Snel en Eenvoudig!**
Een hele collectie spelboeken slechts **één klik verwijderd!**

Vind uw volgende uitdaging bij:

BestActivityBooks.com/MijnVolgendeBoek

Klaar... Start!

Wist u dat er zo'n 7000 verschillende talen in de wereld zijn? Woorden zijn kostbaar.

We houden van talen en hebben hard gewerkt om de boeken van de hoogste kwaliteit voor u te maken. Onze ingrediënten?

Een selectie van onmisbare leerthema's, drie grote plakken plezier, dan voegen we er een lepel moeilijke woorden en een snuifje zeldzame woorden aan toe. We serveren ze met zorg en een maximum aan verrukking, zodat je de beste woordspelletjes kunt oplossen en veel plezier beleeft aan het leren!

Uw feedback is essentieel. U kunt een actieve bijdrage leveren aan het succes van dit boek door een recensie achter te laten. Vertel ons wat u het meest beviel in deze editie!

Hier is een korte link die u naar uw bestelpagina brengt:

BestBooksActivity.com/Recensies50

Bedankt voor uw hulp en veel plezier met het spel!

Linguas Classics

1 - Metingen

L	M	L	A	R	G	H	E	Z	Z	A	D	J	Z	A
P	T	O	N	N	E	L	L	A	T	A	T	L	Y	N
M	O	R	T	E	M	D	R	L	M	T	M	R	J	S
A	P	L	J	N	O	H	G	Q	Q	P	R	U	C	X
S	Y	P	L	O	M	M	A	R	G	O	L	I	H	C
S	X	Q	P	I	E	O	C	E	A	U	E	W	L	W
A	I	C	N	O	C	B	P	L	C	M	Q	T	I	H
Z	J	Z	S	A	K	E	Q	B	D	K	M	J	T	F
M	B	Y	T	E	L	A	M	I	C	E	D	O	R	A
F	I	L	U	N	G	H	E	Z	Z	A	V	S	O	L
S	U	N	C	H	P	X	Q	T	S	T	O	E	O	T
S	N	L	U	R	X	B	L	I	N	N	L	P	S	E
Z	R	M	B	T	E	Q	R	G	S	I	U	S	N	Z
À	T	I	D	N	O	F	O	R	P	P	M	Q	Z	Z
C	E	N	T	I	M	E	T	R	O	M	E	R	I	A

LARGHEZZA
BYTE
CENTIMETRO
DECIMALE
PROFONDITÀ
PESO
GRAMMO
ALTEZZA
POLLICE
CHILOGRAMMO
LUNGHEZZA
LITRO
MASSA
METRO
MINUTO
ONCIA
PINTA
TONNELLATA
VOLUME

2 - Opwarming van de Aarde

F	T	F	O	Q	I	F	H	A	G	E	C	A	N	P
U	U	U	R	D	D	X	Z	R	N	L	A	T	G	N
G	M	T	A	M	I	L	C	T	K	A	M	T	C	H
R	J	A	U	E	T	C	T	I	A	T	B	E	O	R
B	H	B	N	R	F	N	P	C	L	N	I	N	N	W
U	X	C	W	I	O	K	X	O	R	E	A	Z	S	S
E	N	E	R	G	I	A	D	A	T	I	M	I	E	C
K	Z	C	B	S	N	I	M	I	T	B	E	O	G	I
P	D	S	Q	R	V	Z	Y	R	W	M	N	N	U	E
B	H	Q	U	S	Y	I	F	T	I	A	T	E	E	N
U	A	G	A	S	N	S	L	S	U	S	I	C	N	Z
K	F	D	G	L	D	I	A	U	G	S	E	S	Z	I
S	D	P	X	E	T	R	Z	D	P	B	X	N	E	A
R	Y	M	K	Q	B	C	A	N	I	P	N	J	D	T
G	O	V	E	R	N	O	L	I	I	J	O	F	N	O

ATTENZIONE
ARTICO
CRISI
ENERGIA
GAS
DATI
CONSEGUENZE
INDUSTRIA
CLIMA
UMANI
AMBIENTALE
ORA
SVILUPPO
GOVERNO
FUTURO
CAMBIAMENTI
SCIENZIATO

3 - Keuken

C	O	N	G	E	L	A	T	O	R	E	O	Z	L	G
M	J	S	N	U	I	C	B	T	Q	A	K	R	E	R
C	I	B	O	R	E	F	I	R	O	G	I	R	F	E
S	A	J	L	J	S	P	G	R	N	S	S	E	T	M
P	I	N	O	N	R	O	F	I	L	T	E	U	O	B
U	H	E	T	T	E	H	C	C	A	B	R	Y	L	I
G	C	W	S	S	E	T	T	E	H	C	R	O	F	U
N	C	E	E	N	L	P	L	T	Z	V	A	E	Z	L
A	U	X	M	I	X	L	L	T	D	Z	A	B	W	E
N	C	S	P	E	Z	I	E	A	A	T	A	S	Y	H
B	O	L	L	I	T	O	R	E	N	D	W	T	O	M
A	X	T	B	S	T	O	V	A	G	L	I	O	L	O
C	O	R	G	R	I	G	L	I	A	J	L	E	I	W
C	I	O	T	O	L	A	B	R	O	C	C	A	K	N
C	O	L	T	E	L	L	I	G	T	N	Q	D	W	H

TAZZE
BACCHETTE
GRIGLIA
BOLLITORE
FRIGORIFERO
CIOTOLA
BROCCA
CUCCHIAI
COLTELLI
FORNO
MESTOLO
VASO
RICETTA
GREMBIULE
TOVAGLIOLO
SPEZIE
SPUGNA
CIBO
FORCHETTE
CONGELATORE

4 - Boten

I	J	D	W	E	M	N	U	T	Y	Y	F	P	T	X
X	C	O	I	G	G	A	P	I	U	Q	E	O	R	X
Y	C	M	T	Y	P	R	R	A	I	S	U	O	A	T
U	Q	I	P	R	I	O	R	E	B	L	A	N	G	K
C	K	T	Z	T	H	C	A	Y	K	H	R	D	H	A
G	E	T	F	L	O	N	A	E	C	O	E	E	E	Y
G	Z	I	F	I	U	A	O	N	A	C	T	R	T	A
T	A	R	M	X	U	W	U	M	E	Y	T	O	T	K
Y	Z	A	X	U	L	M	R	H	R	W	A	T	O	C
J	Z	M	U	T	A	C	E	O	O	J	Z	O	G	D
D	O	C	K	U	J	B	O	B	N	N	R	M	A	A
S	Z	M	J	E	A	O	C	R	P	E	O	U	L	M
M	Q	U	T	O	R	A	I	C	D	R	Q	M	Z	U
N	A	U	T	I	C	O	W	U	H	A	P	C	I	L
B	A	R	C	A	A	V	E	L	A	G	N	F	I	M

ANCORA
EQUIPAGGIO
BOA
DOCK
ONDE
YACHT
KAYAK
CANOA
MARITTIMO
ALBERO
LAGO
MOTORE
NAUTICO
OCEANO
FIUME
CORDA
TRAGHETTO
ZATTERA
MARE
BARCA A VELA

5 - Chocolade

E	B	U	R	W	O	W	E	G	U	N	W	J	B	A
S	X	R	J	Y	P	E	E	I	R	O	L	A	C	R
O	W	N	A	M	K	R	T	H	R	C	G	P	Q	A
T	T	P	X	M	C	E	N	Z	I	E	U	R	U	C
I	A	B	I	S	A	V	E	U	C	D	S	E	A	H
C	H	W	K	J	O	L	I	C	E	I	T	F	L	I
O	C	A	M	A	R	O	D	C	T	C	O	E	I	D
T	A	Q	A	C	F	P	E	H	T	O	Q	R	T	I
E	C	L	O	D	N	R	R	E	A	C	A	I	À	S
R	A	Y	L	D	S	W	G	R	F	C	U	T	Y	D
Z	O	A	R	O	M	A	N	O	X	O	L	O	D	K
G	P	C	J	O	S	O	I	Z	I	L	E	D	T	A
C	A	R	A	M	E	L	L	A	X	T	D	H	Q	M
X	H	E	C	A	R	A	M	E	L	L	O	R	P	T
A	N	T	I	O	S	S	I	D	A	N	T	E	H	Z

ANTIOSSIDANTE
AROMA
AMARO
CACAO
CALORIE
ESOTICO
PREFERITO
DELIZIOSO
INGREDIENTE
CARAMELLO
NOCE DI COCCO
QUALITÀ
ARACHIDI
POLVERE
RICETTA
GUSTO
CARAMELLA
ZUCCHERO
BRAMA
DOLCE

6 - Gezondheid en Welzijn #2

L	D	Q	C	X	M	A	S	S	A	G	G	I	O	M
P	E	S	O	O	R	E	P	U	C	E	R	N	E	A
Z	Z	S	W	R	R	G	E	N	E	T	I	C	A	T
N	F	O	X	U	P	P	O	S	P	E	D	A	L	E
A	T	E	I	D	E	B	O	S	S	E	R	T	S	X
I	N	F	E	Z	I	O	N	E	A	Q	C	U	W	D
G	E	N	E	R	G	I	A	N	N	N	U	I	X	O
R	L	A	A	E	S	A	W	O	I	J	O	U	A	R
E	C	A	L	O	R	I	A	I	M	O	T	A	N	A
L	U	T	Z	H	Y	G	I	T	A	G	T	E	L	S
L	X	G	J	B	U	W	G	S	T	B	Z	L	J	O
A	R	U	N	E	D	O	I	E	I	A	C	M	O	Y
W	D	P	R	A	F	L	E	G	V	Z	B	U	E	H
K	N	B	H	O	S	G	N	I	S	H	E	L	P	W
J	W	N	P	I	S	E	E	D	C	X	Q	D	S	G

ALLERGIA
ANATOMIA
SANGUE
CALORIA
DIETA
ENERGIA
GENETICA
PESO
SANO

RECUPERO
IGIENE
INFEZIONE
CORPO
MASSAGGIO
DIGESTIONE
STRESS
VITAMINA
OSPEDALE

7 - Tijd

S	M	E	K	S	Y	N	Z	N	S	U	O	Q	K	W
E	A	N	N	U	A	L	E	L	O	N	R	O	I	G
C	S	G	A	A	Q	D	S	P	P	T	U	Z	O	A
O	T	U	N	I	M	E	A	R	O	G	T	D	R	N
L	Y	Q	H	O	K	C	H	E	D	H	U	E	O	N
O	W	Z	Z	Z	D	E	N	S	O	Q	F	C	L	O
M	N	H	N	K	B	N	H	T	W	G	L	A	O	S
S	E	O	I	Q	G	N	R	O	J	T	I	L	G	E
F	H	S	R	E	Y	I	N	A	M	O	D	E	I	T
Q	D	H	E	X	R	O	W	N	J	N	G	N	O	T
Z	Y	C	W	I	S	I	O	I	C	J	S	D	Y	I
O	G	G	I	Y	U	M	F	T	Z	U	G	A	S	M
F	L	R	B	F	Q	T	Z	T	T	K	Q	R	F	A
Q	D	W	Q	J	P	W	M	A	F	R	Y	I	N	N
P	B	L	P	B	F	C	M	M	U	I	H	O	K	A

GIORNO
DECENNIO
SECOLO
IERI
ANNO
ANNUALE
CALENDARIO
OROLOGIO
MESE
MINUTO

DOMANI
DOPO
NOTTE
MATTINA
FUTURO
ORA
OGGI
PRESTO
SETTIMANA

8 - Meditatie

C	R	E	S	P	I	R	A	Z	I	O	N	E	H	P
S	O	C	P	K	A	Z	Z	E	L	I	T	N	E	G
E	J	M	H	X	A	P	N	Z	M	Z	T	O	Q	X
I	L	E	P	I	P	T	Z	D	U	N	Q	I	F	P
G	I	C	W	A	A	P	M	A	S	E	S	Z	N	E
L	N	H	Z	J	S	R	G	W	I	L	P	N	Q	N
F	O	E	P	U	I	S	E	H	C	I	U	E	Q	S
Y	I	M	G	S	J	G	I	Z	A	S	I	T	I	I
G	Z	K	Y	U	G	L	U	O	Z	A	U	T	A	E
M	O	V	I	M	E	N	T	O	N	A	A	A	L	R
N	M	E	N	O	I	Z	A	T	T	E	C	C	A	I
M	E	N	T	A	L	E	P	P	O	S	T	U	R	A
S	V	E	G	L	I	O	C	A	R	U	T	A	N	K
L	A	E	G	E	G	À	T	I	C	I	L	E	F	E
U	J	E	N	O	I	Z	A	V	R	E	S	S	O	L

ATTENZIONE
ACCETTAZIONE
RESPIRAZIONE
MOVIMENTO
EMOZIONI
PENSIERI
FELICITÀ
CHIAREZZA
POSTURA
COMPASSIONE
MENTALE
MUSICA
NATURA
OSSERVAZIONE
SILENZIO
PACE
GENTILEZZA
SVEGLIO

9 - Muziek

M	C	O	C	I	S	S	A	L	C	M	A	H	O	O
S	T	R	U	M	E	N	T	O	A	I	U	I	U	Z
L	G	O	X	A	R	E	A	C	N	C	M	B	B	P
Z	X	C	Y	R	A	R	L	I	T	R	U	D	L	R
T	A	L	P	A	T	A	L	M	A	O	S	C	Q	A
X	E	E	G	U	N	S	A	T	N	F	I	U	Q	J
H	E	M	P	M	A	I	B	I	T	O	C	E	S	M
O	J	Q	P	Z	C	V	O	R	E	N	I	C	A	E
L	R	G	T	O	H	V	N	P	B	O	S	O	M	L
P	O	E	T	I	C	O	C	J	E	K	T	H	P	O
R	I	T	M	O	R	R	E	R	M	R	A	F	H	D
L	I	R	I	C	O	P	Y	G	C	Q	A	E	U	I
U	F	P	U	I	Q	M	U	S	I	C	A	L	E	A
I	W	J	S	S	A	I	N	O	M	R	A	P	J	E
R	E	G	I	S	T	R	A	Z	I	O	N	E	Q	H

ALBUM
BALLATA
ARMONIA
IMPROVVISARE
STRUMENTO
CLASSICO
CORO
LIRICO
MELODIA
MICROFONO
MUSICALE
MUSICISTA
OPERA
REGISTRAZIONE
POETICO
RITMO
RITMICO
TEMPO
CANTANTE
CANTARE

10 - Vogels

O	Y	T	F	A	L	C	O	A	F	B	J	A	Q	C
P	I	N	G	U	I	N	O	N	R	O	C	C	F	U
A	I	R	O	N	E	H	N	F	E	T	X	S	A	C
U	A	X	O	L	L	A	G	A	P	P	A	P	O	U
E	E	E	T	A	L	L	I	J	E	U	N	N	C	L
Y	Y	P	R	L	M	O	C	N	E	L	E	S	A	O
O	E	X	G	F	W	L	P	P	A	S	S	E	R	O
H	Z	K	I	O	G	U	F	O	L	U	F	D	U	S
U	D	P	C	U	E	N	O	I	C	C	I	P	B	T
C	I	C	O	G	N	A	E	Y	N	N	K	J	M	R
F	P	F	N	E	O	N	A	C	I	L	L	E	P	U
Y	W	R	A	F	V	G	A	B	B	I	A	N	O	Z
E	Z	E	C	U	A	M	S	F	D	B	J	U	H	Z
B	H	Y	U	T	P	L	U	D	H	N	R	S	H	O
O	R	E	T	T	O	C	I	N	E	F	U	O	V	O

PICCIONE
ANATRA
UOVO
FENICOTTERO
OCA
FALCO
POLLO
CUCULO
GABBIANO
PASSERO

CICOGNA
PAPPAGALLO
PAVONE
PELLICANO
PINGUINO
AIRONE
STRUZZO
TUCANO
GUFO
CIGNO

11 - Universum

A	A	T	M	O	S	F	E	R	A	G	I	L	Z	M
I	S	E	R	O	T	A	U	Q	E	H	E	A	O	M
S	E	T	V	I	S	I	B	I	L	E	W	T	D	I
S	M	N	E	T	A	D	P	T	Y	B	J	I	I	A
A	I	O	R	R	E	S	E	H	T	U	P	T	A	S
L	S	Z	A	Y	O	L	T	Q	E	I	H	U	C	T
A	F	Z	L	C	H	I	E	R	F	O	R	D	O	R
G	E	I	O	J	X	N	D	S	O	L	E	I	C	O
G	R	R	S	S	U	G	X	E	C	N	L	N	Q	N
O	O	O	C	I	M	S	O	C	T	O	O	E	H	O
L	O	N	G	I	T	U	D	I	N	E	P	M	G	M
K	Q	O	I	Z	I	T	S	L	O	S	M	I	O	I
O	R	B	I	T	A	D	O	U	U	E	H	R	O	A
R	L	B	Z	E	C	S	M	N	L	R	E	S	O	D
K	W	S	B	A	E	G	E	A	W	S	H	C	O	L

ASTEROIDE
ASTRONOMIA
ASTRONOMO
ATMOSFERA
ORBITA
LATITUDINE
ZODIACO
BUIO
EQUATORE
EMISFERO

CIELO
ORIZZONTE
COSMICO
LONGITUDINE
LUNA
GALASSIA
TELESCOPIO
VISIBILE
SOLARE
SOLSTIZIO

12 - Wiskunde

T	O	G	M	M	F	E	N	Q	J	H	P	I	V	P
O	R	T	E	M	A	I	D	U	N	P	Z	S	O	A
T	T	I	N	Z	K	P	Q	A	M	M	O	S	L	R
C	E	L	A	M	I	C	E	D	E	R	O	I	U	A
S	M	P	I	N	W	N	Z	R	D	Y	W	I	M	L
F	I	O	R	I	G	Z	I	A	A	G	S	D	E	L
E	R	L	T	E	U	O	F	T	N	N	L	O	Z	E
R	E	I	E	B	S	E	L	O	I	G	G	A	R	L
A	P	G	M	E	R	P	T	O	X	Y	B	O	E	O
H	B	O	M	T	E	N	O	I	Z	A	R	F	L	K
K	J	N	I	O	L	O	G	N	A	T	T	E	R	I
E	A	O	S	P	A	I	R	T	E	M	O	E	G	T
A	R	I	T	M	E	T	I	C	A	N	O	I	G	C
W	L	E	Q	U	A	Z	I	O	N	E	T	B	X	W
D	I	V	I	S	I	O	N	E	M	L	D	E	U	Y

SFERA
DECIMALE
DIAMETRO
DIVISIONE
TRIANGOLO
ESPONENTE
FRAZIONE
GEOMETRIA
ANGOLI
PERIMETRO
PARALLELO
RETTANGOLO
ARITMETICA
SOMMA
RAGGIO
SIMMETRIA
POLIGONO
EQUAZIONE
QUADRATO
VOLUME

13 - Gezondheid en Welzijn #1

M	U	M	E	D	I	C	O	F	D	E	U	M	T	Y
A	U	P	E	L	L	E	T	A	R	E	A	H	C	P
T	R	S	G	R	I	H	R	R	I	T	C	A	A	Z
T	B	G	C	H	R	Z	A	M	L	V	I	R	U	S
I	W	U	J	O	B	E	T	A	A	K	N	U	K	Q
V	U	T	W	S	L	N	T	C	S	U	I	T	M	G
O	D	R	U	S	H	I	A	I	S	M	L	T	X	C
F	E	P	A	E	N	D	M	A	A	C	C	A	Y	I
B	A	E	Z	L	E	U	E	P	M	K	U	R	B	X
T	A	M	Z	F	R	T	N	C	E	F	U	F	D	R
M	L	T	E	I	V	I	T	E	N	O	I	S	E	L
K	M	S	T	R	I	B	O	G	T	G	B	Y	O	D
U	X	C	L	E	C	A	F	E	O	P	F	Z	F	H
D	S	C	A	W	R	M	E	D	I	C	I	N	A	O
O	R	M	O	N	I	I	T	E	R	A	P	I	A	C

ATTIVO
FARMACIA
BATTERI
TRATTAMENTO
FRATTURA
MEDICO
ABITUDINE
FAME
ALTEZZA
ORMONI
PELLE
CLINICA
LESIONE
MEDICINA
RILASSAMENTO
RIFLESSO
MUSCOLI
TERAPIA
VIRUS
NERVI

14 - Camping

T	E	N	D	A	H	A	W	C	B	A	Y	A	J	M
R	E	T	X	P	A	N	G	A	T	N	O	M	T	D
R	N	B	E	E	I	R	F	P	W	I	D	K	W	U
M	K	G	M	W	I	E	P	P	G	M	O	L	L	J
A	M	O	X	Y	O	T	B	E	E	A	B	Z	I	U
I	M	G	O	R	L	N	P	L	X	L	C	U	N	Q
Q	O	A	N	I	B	A	C	L	Z	I	A	O	T	I
A	I	L	P	F	A	L	O	O	F	P	C	L	Y	Q
L	L	T	P	P	I	O	E	N	X	H	C	U	K	D
O	P	B	M	T	A	C	A	M	A	M	I	N	P	X
S	S	H	E	W	N	O	U	T	D	C	A	A	F	U
S	U	D	X	R	E	U	H	I	N	S	E	T	T	O
U	Z	B	B	Y	I	F	O	R	E	S	T	A	B	C
B	C	O	R	D	A	G	C	R	W	A	T	S	R	J
N	A	T	U	R	A	R	U	T	N	E	V	V	A	M

AVVENTURA
MONTAGNA
ALBERI
FORESTA
FUOCO
CABINA
ANIMALI
AMACA
CAPPELLO
INSETTO
CACCIA
MAPPA
CANOA
BUSSOLA
LANTERNA
LUNA
LAGO
NATURA
TENDA
CORDA

15 - Algebra

G	M	A	T	R	I	C	E	L	I	N	E	A	R	E
R	U	P	D	D	Z	Q	F	Y	E	P	N	W	C	O
A	S	E	M	P	L	I	F	I	C	A	R	E	M	J
F	N	A	G	K	S	O	L	U	Z	I	O	N	E	L
I	Y	A	L	T	G	C	U	Z	X	K	U	E	G	P
C	S	O	D	I	A	G	R	A	M	M	A	N	E	R
O	F	E	E	N	O	I	Z	A	R	T	T	O	S	O
T	R	L	T	S	O	M	M	A	A	F	Q	I	P	B
I	A	I	T	N	Y	K	F	C	M	A	U	Z	O	L
N	Z	B	G	Z	E	B	Q	Y	J	T	A	A	N	E
I	I	A	L	U	M	R	O	F	F	T	N	U	E	M
F	O	I	Z	Y	M	S	A	W	A	O	T	Q	N	A
N	N	R	E	S	M	O	W	P	L	R	I	E	T	F
I	E	A	R	P	T	Z	M	F	S	E	T	C	E	N
R	N	V	O	F	U	K	O	I	O	F	À	H	E	C

SOTTRAZIONE
DIAGRAMMA
ESPONENTE
FATTORE
FORMULA
FRAZIONE
GRAFICO
PARENTESI
QUANTITÀ
LINEARE

MATRICE
ZERO
INFINITO
SOLUZIONE
PROBLEMA
SOMMA
FALSO
VARIABILE
SEMPLIFICARE
EQUAZIONE

16 - Activiteiten

R	I	L	A	S	S	A	M	E	N	T	O	P	C	I
D	W	P	M	M	J	R	Q	B	O	J	X	E	U	B
U	A	K	I	G	H	U	D	L	T	J	F	S	C	P
F	W	N	R	D	H	T	U	M	G	J	L	C	I	I
A	O	R	Z	W	À	T	I	V	I	T	T	A	R	A
B	D	T	R	A	P	E	C	B	L	B	B	C	E	C
I	P	Z	O	N	Q	L	M	A	G	I	A	A	I	E
L	X	J	J	G	K	F	J	X	N	L	O	M	C	R
I	A	K	H	D	R	P	A	B	L	H	P	P	E	E
T	Z	F	I	N	X	A	I	C	C	A	C	E	R	M
À	A	R	T	E	X	T	F	T	B	G	L	G	A	E
D	N	L	F	W	Z	L	Q	I	T	B	Z	G	M	S
I	T	M	G	I	Y	J	A	F	A	U	X	I	I	M
A	R	T	I	G	I	A	N	A	T	O	R	O	C	L
O	B	G	P	U	Z	Z	L	E	K	U	Y	A	A	H

ATTIVITÀ
ARTIGIANATO
DANZA
FOTOGRAFIA
PESCA
CACCIA
CAMPEGGIO
CERAMICA
ARTE
LETTURA
MAGIA
CUCIRE
RILASSAMENTO
PIACERE
PUZZLE
PITTURA
ABILITÀ

17 - Vormen

X	I	Y	C	Q	U	A	D	R	A	T	O	P	X	X
S	L	E	E	S	P	Z	N	C	H	O	X	I	W	K
X	K	M	R	S	T	X	L	F	M	T	E	R	N	B
E	W	Z	C	F	R	B	O	J	J	Z	U	A	S	G
L	T	U	H	E	L	O	B	R	E	P	I	M	W	K
Q	L	I	I	R	Y	O	W	H	R	P	F	I	E	N
O	T	J	O	A	V	R	U	C	E	Z	M	D	X	K
D	W	Z	Y	B	B	X	A	C	T	G	G	E	M	E
N	Y	S	K	K	O	T	A	L	T	F	O	C	K	O
O	V	A	L	E	R	K	Q	A	A	M	S	I	R	P
T	Y	A	E	M	D	O	R	D	N	I	L	I	C	W
O	T	R	G	N	I	O	N	O	G	I	L	O	P	H
R	F	C	C	R	I	L	H	T	O	B	U	C	C	I
T	T	O	L	Q	H	L	A	O	L	O	G	N	A	F
T	R	I	A	N	G	O	L	O	O	N	O	C	R	O

SFERA
ARCO
CILINDRO
CERCHIO
CURVA
TRIANGOLO
ANGOLO
IPERBOLE
LATO
CONO
CUBO
LINEA
OVALE
PIRAMIDE
PRISMA
BORDI
RETTANGOLO
ROTONDO
POLIGONO
QUADRATO

18 - Diplomatie

G	O	I	R	A	T	I	N	A	M	U	E	W	S	C
B	O	W	S	G	M	C	J	Q	B	B	E	G	O	O
Q	F	V	W	S	Q	B	Z	E	H	C	M	À	L	N
I	G	P	E	B	X	N	A	S	J	Q	O	T	U	S
A	Z	Z	E	R	U	C	I	S	W	C	Z	I	Z	I
I	M	G	Q	D	N	L	E	Z	C	M	K	R	I	G
L	I	N	G	U	E	O	C	N	X	I	F	G	O	L
D	I	P	L	O	M	A	T	I	C	O	A	E	N	I
C	O	N	F	L	I	T	T	O	U	E	M	T	E	E
D	I	S	C	U	S	S	I	O	N	E	T	N	A	R
M	S	R	E	N	O	I	Z	U	L	O	S	I	R	E
C	O	M	U	N	I	T	À	C	K	H	U	O	C	S
C	I	T	T	A	D	I	N	I	E	E	O	T	F	A
C	O	O	P	E	R	A	Z	I	O	N	E	Q	G	F
G	I	U	S	T	I	Z	I	A	E	X	R	H	D	J

CONSIGLIERE
AMBASCIATA
CITTADINI
CONFLITTO
DIPLOMATICO
DISCUSSIONE
ETICA
COMUNITÀ
GIUSTIZIA
UMANITARIO
INTEGRITÀ
SOLUZIONE
GOVERNO
RISOLUZIONE
COOPERAZIONE
LINGUE
SICUREZZA

19 - Astronomie

P	R	A	S	T	E	R	O	I	D	E	R	C	Q	C
D	Z	A	N	U	L	J	C	T	F	F	A	O	P	O
O	R	C	Z	B	L	P	D	U	P	A	D	S	I	S
I	S	S	E	Z	I	I	Z	M	C	T	I	M	C	T
Z	K	S	Q	P	O	J	Z	M	F	U	A	O	O	E
O	O	F	E	M	E	T	E	O	R	A	Z	P	M	L
N	M	I	M	R	S	I	K	E	L	N	I	I	E	L
I	O	N	P	G	V	Z	B	X	Z	O	O	A	T	A
U	N	Y	C	O	Y	A	P	N	J	R	N	N	A	Z
Q	O	W	E	O	C	C	T	X	T	T	E	E	G	I
E	R	D	O	C	D	S	T	O	B	S	P	T	T	O
S	T	E	L	L	A	R	E	Q	R	A	E	A	E	N
U	S	N	K	Q	U	M	Q	L	S	I	R	H	R	E
U	A	S	O	L	U	B	E	N	E	E	O	U	R	T
A	G	U	N	I	V	E	R	S	O	T	K	M	A	D

TERRA
ASTEROIDE
ASTRONAUTA
ASTRONOMO
EQUINOZIO
COMETA
COSMO
LUNA
METEORA

NEBULOSA
OSSERVATORIO
PIANETA
RAZZO
STELLA
COSTELLAZIONE
RADIAZIONE
TELESCOPIO
UNIVERSO

20 - Emoties

T	D	Z	Z	Z	U	G	R	R	J	W	L	B	G	S
E	E	J	R	Z	D	R	A	G	B	E	U	W	E	O
T	N	N	Q	Q	S	A	B	K	F	N	B	U	N	D
K	O	E	E	L	O	T	B	D	Y	I	O	O	T	D
G	B	J	G	R	Q	O	I	X	U	D	A	T	I	I
D	I	I	G	E	E	I	A	P	A	U	R	A	L	S
B	S	O	I	Y	D	Z	G	B	H	T	S	S	E	F
Q	J	Y	I	U	T	M	Z	N	O	I	A	S	Z	A
C	Z	K	R	A	K	S	P	A	T	T	S	A	Z	T
T	R	I	S	T	E	Z	Z	A	A	A	E	L	A	T
A	M	O	R	E	P	S	A	O	T	E	R	I	M	O
T	P	B	Y	R	L	A	Z	D	I	B	P	R	L	H
Y	P	P	R	Q	A	K	C	G	C	F	R	F	A	A
S	I	M	P	A	T	I	A	E	C	N	O	G	C	F
C	O	N	T	E	N	U	T	O	E	L	S	Y	T	G

PAURA
GRATO
TRISTEZZA
BEATITUDINE
CONTENUTO
CALMA
AMORE
RILASSATO
ECCITATO
SIMPATIA
TENEREZZA
SODDISFATTO
SORPRESA
NOIA
PACE
GIOIA
GENTILEZZA
RABBIA

21 - Vakantie #2

C	G	X	R	E	Y	V	M	A	P	A	Z	K	T	D
T	C	P	E	F	A	A	A	E	P	F	E	K	E	E
D	A	L	O	S	I	C	R	R	E	P	H	I	M	S
R	D	X	O	E	G	A	E	O	A	O	A	M	P	T
I	N	S	I	P	G	N	F	P	R	L	F	M	O	I
S	E	F	G	A	A	Z	X	O	N	E	R	T	L	N
T	T	L	G	S	I	A	L	R	B	S	G	N	I	A
O	A	B	A	S	P	H	P	T	U	Z	O	W	B	Z
R	F	A	I	A	S	H	Y	O	H	O	W	L	E	I
A	M	X	V	P	V	I	S	T	O	G	D	P	R	O
N	J	I	K	O	I	G	G	E	P	M	A	C	O	N
T	D	J	T	R	E	H	O	T	E	L	B	K	T	E
E	M	Q	N	T	S	T	R	A	N	I	E	R	O	Z
D	W	X	H	O	T	R	O	P	S	A	R	T	Z	W
P	R	E	N	O	T	A	Z	I	O	N	I	M	F	F

DESTINAZIONE
STRANIERO
ISOLA
HOTEL
MAPPA
CAMPEGGIO
AEROPORTO
PASSAPORTO
VIAGGIO
PRENOTAZIONI

RISTORANTE
SPIAGGIA
TAXI
TENDA
TRENO
VACANZA
TRASPORTO
VISTO
TEMPO LIBERO
MARE

22 - Eten #2

U	P	I	M	K	Y	Y	S	B	T	C	F	A	T	Z
H	V	N	E	T	U	B	L	S	T	P	E	S	C	E
A	E	A	L	R	O	D	N	A	M	N	R	R	P	P
B	C	W	A	P	A	N	E	K	I	W	I	T	O	R
W	T	M	N	R	K	S	T	D	H	M	C	R	M	O
J	R	W	Z	R	I	S	O	L	L	O	P	U	O	S
A	P	S	A	B	R	O	C	C	O	L	O	G	D	C
B	N	S	N	F	O	R	M	A	G	G	I	O	O	I
Y	A	A	A	G	V	G	M	H	A	R	D	Y	R	U
O	J	N	N	E	O	R	P	K	R	N	M	Z	O	T
Z	X	H	A	A	U	A	I	M	A	B	E	X	J	T
J	T	R	Z	N	S	N	A	D	P	O	L	Y	U	O
P	E	S	C	A	A	O	A	A	S	K	A	K	Z	N
W	R	S	D	K	U	D	O	P	A	I	I	J	E	I
G	K	Z	J	X	M	P	K	I	R	A	A	K	H	M

MANDORLA
ANANAS
MELA
ASPARAGO
MELANZANA
BANANA
BROCCOLO
PANE
UVA
UOVO
PROSCIUTTO
FORMAGGIO
POLLO
KIWI
PESCA
RISO
GRANO
POMODORO
PESCE
YOGURT

23 - Restaurant #1

H	X	O	B	I	C	A	F	F	È	P	A	S	A	S
W	L	X	B	A	N	I	C	U	C	C	A	E	A	A
P	O	L	O	I	L	G	A	V	O	T	U	N	A	L
J	J	G	H	F	D	W	R	Q	Q	E	T	D	E	S
C	N	R	Z	B	E	K	E	E	N	R	A	C	N	A
U	I	B	X	T	S	L	I	T	D	E	G	T	O	T
P	O	L	L	O	S	U	R	N	A	I	W	M	I	O
D	L	A	F	H	E	G	E	A	C	S	E	Ù	Z	E
H	L	F	L	Q	R	T	M	C	J	S	R	N	A	Q
W	E	A	Y	L	T	D	A	C	I	A	A	E	T	R
W	T	G	H	Y	E	Z	C	I	F	C	I	M	O	I
Q	L	P	N	P	S	R	I	P	W	Q	G	F	N	J
A	O	O	F	T	O	Z	G	P	X	M	N	U	E	M
C	C	P	I	A	T	T	O	I	L	E	A	M	R	Z
S	C	I	O	T	O	L	A	U	A	W	M	X	P	J

ALLERGIA
PIATTO
PANE
MANGIARE
INGREDIENTI
CASSIERE
CUCINA
POLLO
CAFFÈ
CIOTOLA
MENÙ
COLTELLO
PICCANTE
PRENOTAZIONE
SALSA
CAMERIERA
TOVAGLIOLO
DESSERT
CARNE
CIBO

24 - Geologie

C	T	I	L	L	A	T	S	I	R	C	Q	P	S	S
O	D	I	C	A	O	E	L	I	S	S	O	F	T	T
R	C	A	I	A	N	R	E	V	A	C	D	Q	R	A
A	P	D	W	E	A	R	J	J	D	A	B	O	A	L
L	G	G	J	N	I	E	M	I	S	R	E	Y	T	A
L	O	S	S	O	P	M	W	J	H	A	K	Z	O	T
O	S	Q	F	I	O	O	R	G	G	R	L	R	P	T
O	I	B	G	S	T	T	I	X	E	A	F	E	N	I
U	R	C	X	O	L	O	J	H	W	Y	S	U	Q	T
P	I	E	T	R	A	E	C	J	D	W	S	Q	S	E
D	Q	C	M	E	I	S	A	E	O	T	Y	E	Q	O
V	U	L	C	A	N	O	L	Z	K	W	U	W	R	K
Z	D	C	O	G	L	W	C	K	W	W	P	N	T	J
X	P	E	T	N	E	N	I	T	N	O	C	N	S	K
L	A	V	A	N	O	Z	O	Z	R	A	U	Q	M	Y

TERREMOTO
CALCIO
CONTINENTE
EROSIONE
FOSSILE
GEYSER
FUSO
CAVERNA
CORALLO
CRISTALLI
QUARZO
STRATO
LAVA
ALTOPIANO
STALATTITE
PIETRA
VULCANO
ZONA
SALE
ACIDO

25 - Specerijen

F	I	E	N	O	G	R	E	C	O	G	C	X	W	H
F	I	N	O	C	C	H	I	O	G	U	O	E	N	R
P	E	I	L	O	B	T	P	O	B	S	R	E	C	I
C	U	M	I	N	O	R	A	M	A	T	I	C	J	W
C	I	Y	A	I	Y	C	Y	O	T	O	A	C	Y	P
R	U	A	D	D	N	C	Z	M	A	A	N	O	E	Z
L	O	R	I	H	J	D	E	A	C	P	D	P	Y	A
R	M	Y	R	R	R	A	N	D	S	X	O	A	X	F
B	E	M	Z	Y	E	G	Z	R	O	I	L	P	M	F
P	W	B	D	U	O	I	E	A	M	I	O	R	F	E
A	L	L	O	P	I	C	R	C	E	Y	E	I	U	R
W	G	G	O	S	J	P	O	D	C	C	W	K	A	A
X	A	L	L	E	N	N	A	C	O	E	L	A	S	N
W	W	U	I	A	I	L	G	I	N	A	V	O	U	O
J	X	X	K	O	A	N	I	C	E	P	E	P	D	A

ANICE
AMARO
FIENO GRECO
ZENZERO
CANNELLA
CARDAMOMO
CURRY
AGLIO
CUMINO
CORIANDOLO
NOCE MOSCATA
PAPRIKA
PEPE
ZAFFERANO
GUSTO
CIPOLLA
VANIGLIA
FINOCCHIO
DOLCE
SALE

26 - Groenten

B	S	Y	O	Z	C	L	W	C	P	L	Y	Z	G	F
B	L	Y	W	F	Z	O	M	E	I	T	X	D	A	C
I	N	S	A	L	A	T	A	Z	E	N	Z	E	R	O
P	I	S	E	L	L	O	N	G	O	L	A	C	S	B
B	P	U	G	H	J	M	R	N	F	H	P	B	Q	J
A	G	L	I	O	L	O	M	E	Z	Z	E	R	P	F
N	V	J	X	N	R	P	O	M	O	D	O	R	O	U
O	Y	I	C	I	P	O	L	L	A	Y	K	Z	S	N
F	X	O	L	O	I	R	T	E	C	R	N	U	E	G
O	H	P	N	O	L	O	C	C	O	R	B	C	D	O
I	A	N	A	Z	N	A	L	E	M	E	Y	C	A	Q
C	P	C	A	R	O	T	A	W	L	B	J	A	N	X
R	A	V	A	N	E	L	L	O	W	C	T	G	O	D
A	R	S	P	I	N	A	C	I	S	A	Y	C	L	G
C	N	U	M	J	H	B	X	X	N	F	Q	P	T	Q

CARCIOFO
MELANZANA
BROCCOLO
PISELLO
ZENZERO
AGLIO
CETRIOLO
OLIVA
FUNGO
PREZZEMOLO
ZUCCA
RAPA
RAVANELLO
INSALATA
SEDANO
SCALOGNO
SPINACI
POMODORO
CIPOLLA
CAROTA

27 - Archeologie

T	S	C	O	N	O	S	C	I	U	T	O	K	C	A
F	E	T	N	E	D	N	E	C	S	I	D	E	I	N
R	Z	M	A	N	A	L	I	S	I	J	O	C	V	T
A	W	S	P	E	S	P	E	R	T	O	U	G	I	I
M	M	W	P	I	T	T	E	G	G	O	X	C	L	C
M	I	I	I	X	O	D	W	W	D	A	B	Q	T	H
E	F	D	C	X	G	S	Q	U	A	D	R	A	À	I
N	O	V	A	L	U	T	A	Z	I	O	N	E	F	T
T	S	F	W	B	X	I	X	P	O	Y	U	W	O	À
I	S	M	Z	W	M	L	T	B	Y	Y	Y	Z	S	T
U	A	L	C	F	X	O	R	E	T	S	I	M	S	J
F	F	O	T	A	C	I	T	N	E	M	I	D	I	D
R	I	C	E	R	C	A	T	O	R	E	S	K	L	J
R	I	S	U	L	T	A	T	I	R	Z	M	I	E	C
A	Q	B	M	N	Y	R	E	L	I	Q	U	I	A	O

ANALISI
CIVILTÀ
RISULTATI
OSSA
ESPERTO
VALUTAZIONE
FOSSILE
FRAMMENTI
TOMBA
MISTERO
DISCENDENTE
OGGETTI
SCONOSCIUTO
RICERCATORE
ANTICHITÀ
RELIQUIA
SQUADRA
TEMPIO
ERA
DIMENTICATO

28 - Dans

C	A	Q	J	C	O	V	I	S	I	V	K	N	M	U
R	I	T	M	O	U	R	I	P	A	S	O	O	U	Y
Y	F	E	X	B	N	L	Q	B	P	L	W	Q	S	C
R	A	L	S	A	O	C	T	G	Y	M	T	P	I	L
G	R	A	Z	I	A	N	U	U	Z	M	O	O	C	A
P	G	N	F	M	D	B	W	L	R	A	B	O	A	S
G	O	O	X	E	Y	H	D	E	T	A	O	Z	R	S
I	E	I	C	D	K	O	T	M	C	U	L	J	U	I
O	R	Z	M	A	R	T	E	O	R	M	R	E	T	C
I	O	I	D	C	C	L	I	Z	F	P	Y	A	S	O
O	C	D	P	C	K	T	M	I	A	J	C	G	O	W
S	N	A	R	A	Q	W	Y	O	I	T	F	A	P	A
O	P	R	O	C	K	O	T	N	E	M	I	V	O	M
B	O	T	V	X	O	O	Z	E	C	K	S	W	S	Z
Y	W	I	A	C	O	M	P	A	G	N	O	Q	I	D

ACCADEMIA
MOVIMENTO
GIOIOSO
COREOGRAFIA
CULTURALE
CULTURA
EMOZIONE
GRAZIA
POSTURA
CLASSICO
ARTE
CORPO
MUSICA
COMPAGNO
PROVA
RITMO
SALTO
TRADIZIONALE
VISIVO

29 - Ziekte

G	Q	Y	Z	O	S	O	I	G	A	T	N	O	C	T
C	E	R	O	U	C	S	L	P	U	H	K	P	Y	E
R	D	N	N	F	O	S	F	M	G	U	J	R	M	R
O	E	Q	E	À	L	A	Z	T	Y	H	M	O	I	A
N	B	D	S	T	L	N	C	M	Z	E	H	C	H	P
I	O	W	O	I	I	S	I	N	D	R	O	M	E	I
C	L	T	Q	N	O	C	I	R	E	T	T	A	B	A
O	E	W	P	U	T	D	O	J	K	Y	U	A	D	F
A	D	D	O	M	I	N	A	L	E	U	U	J	W	O
Q	A	E	G	M	E	R	E	D	I	T	A	R	I	O
R	J	M	A	I	T	A	P	O	R	U	E	N	P	U
R	E	S	P	I	R	A	T	O	R	I	O	B	G	I
I	N	F	I	A	M	M	A	Z	I	O	N	E	C	D
S	A	L	U	T	E	N	O	I	G	I	R	A	U	G
A	L	L	E	R	G	I	E	G	O	H	P	W	E	N

RESPIRATORIO
ALLERGIE
BATTERICO
CONTAGIOSO
OSSA
ADDOMINALE
CRONICO
EREDITARIO
GENETICO
GUARIGIONE
SALUTE
CUORE
IMMUNITÀ
CORPO
NEUROPATIA
INFIAMMAZIONE
SENO
SINDROME
TERAPIA
DEBOLE

30 - Mythologie

A	D	T	U	O	N	O	Y	D	C	S	P	L	F	C
R	R	I	L	N	H	Y	R	Q	D	K	A	E	U	R
U	V	C	S	W	I	G	S	P	Y	G	R	G	L	E
T	E	G	H	A	N	I	O	R	E	Y	A	G	M	A
L	N	Z	L	E	S	F	O	R	Z	A	D	E	I	Z
U	D	E	T	L	T	T	Q	E	M	K	I	N	N	I
C	E	W	C	A	L	I	R	T	L	K	S	D	E	O
H	T	H	R	T	S	A	P	O	W	Y	O	A	A	N
F	T	G	U	R	G	D	B	O	R	T	S	O	M	E
H	A	M	U	O	C	H	A	I	S	O	L	E	G	O
N	X	R	M	M	N	T	Y	D	R	D	M	N	I	R
G	U	E	R	R	I	E	R	O	N	I	F	Z	R	E
C	R	E	A	T	U	R	A	C	Z	U	N	M	H	Q
I	M	M	O	R	T	A	L	I	T	À	R	T	G	I
C	O	M	P	O	R	T	A	M	E	N	T	O	O	M

ARCHETIPO
FULMINE
CREAZIONE
CULTURA
TUONO
LABIRINTO
COMPORTAMENTO
EROE
EROINA
PARADISO
GELOSIA
FORZA
GUERRIERO
LEGGENDA
MOSTRO
IMMORTALITÀ
DISASTRO
MORTALE
CREATURA
VENDETTA

31 - Eten #1

N	Q	O	C	I	L	I	S	A	B	Y	O	L	A	A
Q	I	U	W	E	N	O	M	I	L	W	H	X	L	L
L	C	A	R	N	E	S	B	B	S	U	C	C	O	B
I	A	M	A	U	J	W	A	R	E	P	C	R	G	I
D	N	I	A	J	H	C	L	L	H	I	J	A	A	C
X	I	N	K	L	O	F	L	M	A	E	C	R	R	O
T	P	E	Z	F	M	E	E	E	X	T	S	A	F	C
T	S	S	F	I	I	O	N	N	O	T	A	C	A	C
O	O	T	F	T	B	P	N	Y	Y	A	M	H	B	A
O	G	R	S	G	C	K	A	R	O	L	C	I	C	W
D	Q	A	O	R	E	H	C	C	U	Z	Q	D	A	M
C	I	P	O	L	L	A	Q	F	Y	I	R	I	R	U
L	H	X	A	D	T	R	Z	A	G	L	I	O	O	T
S	A	L	E	R	S	D	G	P	X	F	L	X	T	J
W	B	F	U	H	I	D	T	R	C	K	E	X	A	C

FRAGOLA
ALBICOCCA
BASILICO
LIMONE
ORZO
CANNELLA
AGLIO
LATTE
PERA
ARACHIDI
INSALATA
SUCCO
MINESTRA
SPINACI
ZUCCHERO
TONNO
CIPOLLA
CARNE
CAROTA
SALE

32 - Avontuur

A	D	I	F	F	I	C	O	L	T	À	G	A	X	B
T	J	B	D	N	M	F	I	C	P	J	I	B	I	E
T	B	L	S	Z	T	G	N	F	A	U	O	F	F	L
I	S	R	J	J	S	Q	S	Z	Y	O	I	A	P	L
V	S	M	I	E	R	K	O	G	B	H	A	Z	L	E
I	N	A	T	U	R	A	L	O	K	M	K	Z	V	Z
T	U	J	C	O	N	B	I	S	F	I	D	E	I	Z
À	P	Q	R	T	Y	C	T	A	M	J	Z	R	A	A
M	O	I	G	G	A	R	O	C	P	J	F	U	G	R
N	A	V	I	G	A	Z	I	O	N	E	X	C	G	M
E	N	T	U	S	I	A	S	M	O	A	G	I	I	L
E	U	L	L	G	T	N	U	O	V	O	M	S	G	Q
D	E	S	T	I	N	A	Z	I	O	N	E	I	R	S
P	R	E	P	A	R	A	Z	I	O	N	E	A	C	W
P	E	R	I	C	O	L	O	S	O	N	S	I	C	I

ATTIVITÀ
DESTINAZIONE
ENTUSIASMO
PERICOLOSO
CASO
CORAGGIO
DIFFICOLTÀ
NATURA
NAVIGAZIONE
NUOVO
INSOLITO
VIAGGI
BELLEZZA
SFIDE
SICUREZZA
PREPARAZIONE
GIOIA
AMICI

33 - Restaurant #2

D	D	E	L	I	Z	I	O	S	O	C	U	A	Y	C
V	E	R	D	U	R	E	P	G	F	G	B	T	K	E
C	L	C	E	D	L	C	S	C	U	U	B	T	S	N
E	S	K	S	K	O	I	A	I	H	C	C	U	C	A
X	E	B	A	E	Y	R	K	M	W	N	A	R	O	I
K	R	L	B	F	P	B	Z	X	E	C	Y	F	V	D
I	F	O	R	C	H	E	T	T	A	R	Q	Q	I	E
B	N	F	A	Z	O	R	R	Z	O	O	I	D	T	S
E	S	S	E	S	K	S	P	E	Z	I	E	E	I	I
V	A	R	A	U	Q	C	A	T	N	C	T	G	R	K
A	L	L	V	L	O	L	K	D	A	C	H	M	E	E
N	E	J	O	Y	A	Y	A	T	R	A	R	N	P	Y
D	Y	Y	U	L	J	T	Z	S	P	I	W	L	A	L
A	Y	T	O	R	T	A	A	B	E	H	S	R	O	J
M	I	N	E	S	T	R	A	J	P	G	A	J	S	L

TORTA
CENA
BEVANDA
UOVA
FRUTTA
VERDURE
DELIZIOSO
GHIACCIO
CUCCHIAIO
PRANZO
CAMERIERE
INSALATA
MINESTRA
SPEZIE
SEDIA
PESCE
APERITIVO
FORCHETTA
ACQUA
SALE

34 - De Media

P	C	O	M	M	E	R	C	I	A	L	E	Y	I	E
S	U	P	U	B	B	L	I	C	I	T	À	W	N	D
X	E	B	K	O	O	E	L	A	T	I	G	I	D	U
M	N	G	B	Z	G	R	S	C	X	O	C	M	U	C
S	O	Y	I	L	A	N	R	O	I	G	I	H	S	A
S	I	Q	O	Q	I	L	O	C	A	L	E	K	T	Z
E	N	O	I	Z	A	C	I	N	U	M	O	C	R	I
T	I	O	Z	L	B	P	O	D	J	P	D	Z	I	O
T	P	X	A	B	Q	F	T	C	F	I	D	M	A	N
G	O	T	N	E	M	A	I	Z	N	A	N	I	F	E
T	E	L	E	V	I	S	I	O	N	E	T	E	R	N
F	S	E	L	A	U	T	T	E	L	L	E	T	N	I
I	X	I	E	L	A	U	D	I	V	I	D	N	I	L
E	D	I	Z	I	O	N	E	G	W	T	Z	X	D	N
R	I	V	I	S	T	E	G	R	A	D	I	O	X	O

PUBBLICITÀ
COMMERCIALE
COMUNICAZIONE
DIGITALE
EDIZIONE
FATTI
FINANZIAMENTO
INDIVIDUALE
INDUSTRIA
INTELLETTUALE
GIORNALI
LOCALE
OPINIONE
RETE
EDUCAZIONE
ONLINE
PUBBLICO
RADIO
TELEVISIONE
RIVISTE

35 - Bijen

D	N	G	B	B	M	G	E	D	P	R	A	R	F	Q
B	N	U	E	R	Q	I	I	Q	N	J	M	B	P	D
S	M	T	N	O	T	W	E	A	Z	F	E	L	O	S
C	D	Q	E	J	H	H	N	L	R	W	T	D	Y	R
I	T	H	F	X	G	W	I	F	E	D	S	O	N	M
A	A	N	I	G	E	R	L	Y	R	F	I	B	E	N
M	T	N	C	K	O	N	L	Q	A	I	S	N	A	D
E	I	P	O	M	U	F	O	P	E	O	O	N	O	I
P	B	S	B	H	I	X	P	X	V	R	C	E	B	V
C	A	K	A	L	I	N	U	K	L	I	E	T	I	E
S	H	F	T	K	N	E	S	B	A	R	E	C	C	R
X	H	E	T	N	A	I	P	E	C	E	C	E	P	S
O	I	C	U	O	P	U	W	G	T	U	W	N	G	I
S	O	I	R	O	I	F	Q	L	M	T	T	T	T	T
N	R	X	F	A	D	W	U	G	O	H	O	E	I	À

ALVEARE
FIORI
FIORIRE
DIVERSITÀ
ECOSISTEMA
FRUTTA
HABITAT
MIELE
INSETTO
REGINA
PIANTE
FUMO
POLLINE
GIARDINO
ALI
CIBO
BENEFICO
CERA
SOLE
SCIAME

36 - Wandelen

Z	D	S	M	A	P	P	A	B	A	P	P	A	Z	B
D	Y	E	C	I	T	R	E	V	P	E	X	N	A	R
K	X	L	R	J	F	P	P	D	M	R	D	I	N	K
O	Z	V	U	Y	G	G	F	J	D	I	I	M	Z	P
B	T	A	A	R	E	I	L	G	O	C	S	A	A	I
J	E	G	P	U	I	H	S	C	G	O	M	L	R	E
U	S	G	N	A	T	U	R	A	M	L	O	I	E	T
S	O	I	G	G	E	P	M	A	C	I	N	Q	T	R
S	T	O	C	N	A	T	S	M	P	R	T	R	N	E
M	O	I	S	S	W	N	U	I	M	E	A	O	A	G
L	E	L	V	I	Z	G	E	L	T	F	G	U	S	N
S	S	I	E	A	P	A	R	C	H	I	N	Q	E	S
N	Z	J	Y	Z	L	A	C	Q	U	A	A	W	P	T
Q	N	D	E	N	O	I	Z	A	R	A	P	E	R	P
O	R	I	E	N	T	A	M	E	N	T	O	W	D	F

MONTAGNA
ANIMALI
PERICOLI
MAPPA
CAMPEGGIO
SCOGLIERA
CLIMA
STIVALI
STANCO
ZANZARE
NATURA
ORIENTAMENTO
PARCHI
PIETRE
VERTICE
PREPARAZIONE
ACQUA
SELVAGGIO
SOLE
PESANTE

37 - Ecologie

S	T	H	C	D	I	V	E	R	S	I	T	À	D	V
N	O	E	N	O	I	Z	A	T	E	G	E	V	R	A
O	E	P	A	E	M	H	A	B	I	T	A	T	W	R
C	O	S	R	L	E	U	S	I	C	C	I	T	À	I
L	O	A	O	A	F	M	N	B	L	X	J	Z	G	E
I	K	J	L	B	V	A	E	I	C	E	P	S	P	T
M	L	A	F	O	J	V	U	K	T	Y	S	I	A	À
A	A	R	H	L	M	A	I	N	F	À	W	W	L	D
Y	R	E	T	G	D	F	W	V	A	N	E	Y	U	A
A	U	B	Q	C	Y	A	K	R	E	O	C	Z	D	B
D	T	N	J	X	E	N	G	A	T	N	O	M	E	Q
M	A	R	I	N	O	Q	I	O	N	E	Z	M	F	Q
Q	N	N	N	F	T	B	T	F	A	K	K	A	X	K
C	N	A	T	U	R	A	L	E	I	P	B	C	P	N
V	O	L	O	N	T	A	R	I	P	U	K	T	M	B

MONTAGNE
DIVERSITÀ
SICCITÀ
FAUNA
FLORA
COMUNITÀ
GLOBALE
HABITAT
CLIMA
MARINO
PALUDE
NATURA
NATURALE
SOPRAVVIVENZA
PIANTE
SPECIE
VARIETÀ
VEGETAZIONE
VOLONTARI

38 - Biologie

I	C	Z	W	D	D	A	N	I	E	T	O	R	P	E
B	B	N	B	R	S	L	A	E	P	S	R	R	E	N
M	G	F	N	Q	W	T	B	L	U	S	H	T	N	Z
D	X	C	K	Q	M	Q	B	I	M	R	Z	I	H	I
N	X	E	N	O	I	Z	A	T	U	M	O	E	E	M
K	T	T	Q	L	S	W	N	T	W	S	Q	N	N	A
I	N	O	B	D	W	M	L	E	F	I	M	O	E	I
C	O	E	N	O	M	R	O	R	O	M	X	I	G	M
E	L	A	R	U	T	A	N	S	J	B	S	Z	A	O
O	P	E	N	V	N	U	T	U	I	I	I	U	L	T
P	A	M	O	S	O	M	O	R	C	O	N	L	L	A
M	E	M	B	R	I	O	N	E	W	S	A	O	O	N
C	E	L	L	U	L	A	T	M	W	I	P	V	C	A
J	H	E	N	O	I	Z	A	R	I	P	S	E	R	M
F	O	T	O	S	I	N	T	E	S	I	I	I	W	S

RESPIRAZIONE
ANATOMIA
CELLULA
CROMOSOMA
COLLAGENE
PROTEINA
EMBRIONE
ENZIMA
EVOLUZIONE
FOTOSINTESI
ORMONE
MUTAZIONE
NATURALE
NEURONE
OSMOSI
RETTILE
SIMBIOSI
SINAPSI
NERVO

39 - Landen #1

E	L	E	A	R	S	I	B	Q	K	U	W	G	N	N
S	G	L	A	Y	N	X	S	J	S	B	L	M	I	O
E	L	I	S	A	R	B	F	F	Q	G	L	X	C	R
Q	H	C	T	P	O	L	O	N	I	A	K	S	A	V
P	L	W	Q	T	M	A	R	O	C	C	O	U	R	E
Q	D	C	I	C	O	I	G	L	E	B	I	C	A	G
S	Z	D	N	H	B	N	I	R	A	Q	X	P	G	I
L	E	P	E	F	T	A	X	N	I	T	D	P	U	A
A	E	N	E	T	X	M	A	C	L	B	R	A	A	S
Q	Z	T	E	P	H	R	C	N	A	D	A	N	A	C
U	O	I	T	G	H	E	G	R	T	Y	X	A	I	I
N	H	G	N	O	A	G	R	A	I	N	A	M	O	R
I	Z	H	R	D	N	L	Y	A	E	T	W	A	B	M
L	I	B	I	A	K	I	C	A	M	B	O	G	I	A
S	P	A	G	N	A	J	A	E	H	S	T	X	C	B

BELGIO
BRASILE
CAMBOGIA
CANADA
CILE
GERMANIA
EGITTO
IRAQ
ISRAELE
ITALIA
LETTONIA
LIBIA
MAROCCO
NICARAGUA
NORVEGIA
PANAMA
POLONIA
ROMANIA
SENEGAL
SPAGNA

40 - Installaties

C	F	K	T	Z	J	O	F	E	F	E	N	P	H	E
A	B	L	R	K	E	N	U	U	G	O	G	L	X	N
C	A	C	O	L	O	I	G	A	F	M	G	R	X	O
T	C	E	I	R	L	D	E	D	E	R	A	L	L	I
U	C	S	H	B	A	R	L	Q	T	H	J	F	I	Z
S	A	P	C	O	Q	A	Z	P	K	N	J	W	B	A
T	O	U	S	T	N	I	A	F	T	L	C	J	O	T
Y	O	G	U	A	R	G	A	T	S	E	R	O	F	E
U	G	L	M	N	F	H	Q	H	T	R	R	Ù	E	G
K	M	I	U	I	J	N	U	Y	H	I	N	B	E	E
Q	G	O	S	C	R	D	F	O	I	R	R	M	A	V
A	G	E	B	A	B	R	N	G	M	O	N	A	P	L
F	O	G	L	I	A	M	E	T	Q	I	L	B	E	M
A	L	B	E	R	O	F	O	R	N	F	S	D	G	T
R	A	D	I	C	E	Q	A	F	I	O	R	E	F	E

BAMBÙ
BACCA
FOGLIA
FIORE
FIORIRE
ALBERO
FAGIOLO
FORESTA
CACTUS
FLORA
FOGLIAME
ERBA
EDERA
MUSCHIO
BOTANICA
CESPUGLIO
GIARDINO
VEGETAZIONE
RADICE

41 - Agronomie

R	A	Z	N	E	I	C	S	C	D	A	W	S	P	E
R	T	C	Y	M	X	O	Y	U	I	Y	P	O	R	N
Z	H	E	Q	N	A	P	E	U	M	B	O	S	O	E
E	L	A	R	U	R	D	Z	R	E	F	O	T	D	R
R	T	K	E	E	A	D	P	X	S	D	D	E	U	G
O	C	I	N	A	G	R	O	F	Y	G	X	N	Z	I
S	A	G	R	I	C	O	L	T	U	R	A	I	I	A
I	C	U	E	E	C	O	L	O	G	I	A	B	O	C
O	R	E	I	T	T	A	L	A	M	I	W	I	N	R
N	I	N	F	R	N	Z	S	G	S	X	E	L	E	E
E	C	Y	T	J	P	E	Z	Z	W	G	X	E	R	S
H	E	T	N	A	Z	Z	I	L	I	T	R	E	F	C
E	R	U	D	R	E	V	I	B	R	N	A	J	Q	I
X	C	I	N	Q	U	I	N	A	M	E	N	T	O	T
O	A	S	I	S	T	E	M	I	C	A	C	T	H	A

SOSTENIBILE
ECOLOGIA
ENERGIA
EROSIONE
CRESCITA
VERDURE
AGRICOLTURA
RURALE
FERTILIZZANTE
AMBIENTE

RICERCA
ORGANICO
PRODUZIONE
SISTEMI
INQUINAMENTO
CIBO
ACQUA
SCIENZA
SEMI
MALATTIE

42 - Oceaan

M	Q	P	C	R	T	E	M	P	E	S	T	A	Q	M
M	Z	W	A	U	T	M	O	N	N	O	T	C	U	E
I	M	O	R	T	O	A	L	J	Z	S	E	R	E	D
P	A	G	A	D	A	L	L	I	U	G	N	A	X	U
S	O	D	R	U	C	P	A	N	E	L	A	B	M	S
B	N	L	J	A	I	E	R	U	E	I	G	N	A	A
G	I	B	P	T	R	S	O	S	Q	K	U	S	R	N
Y	F	A	T	O	T	C	C	M	K	S	R	A	E	G
P	L	O	L	J	S	E	K	R	O	U	A	L	E	U
O	E	W	Y	G	O	R	H	M	Q	C	T	E	N	P
C	D	J	D	Y	H	R	M	T	E	H	R	J	Q	S
L	A	N	O	Q	C	E	M	O	Z	Y	A	B	W	G
I	R	A	G	R	A	N	C	H	I	O	T	R	B	K
S	C	O	G	L	I	E	R	A	C	K	Y	C	J	P
G	A	M	B	E	R	E	T	T	O	D	G	N	T	E

ANGUILLA
ALGHE
BARCA
DELFINO
GAMBERETTO
MAREE
SQUALO
CORALLO
GRANCHIO
MEDUSA
POLPO
OSTRICA
SCOGLIERA
TARTARUGA
SPUGNA
TEMPESTA
TONNO
PESCE
BALENA
SALE

43 - Landen #2

Z	E	D	D	I	I	H	H	K	I	Y	D	G	U	F
I	R	L	A	N	D	A	Y	N	E	K	A	I	G	R
N	M	H	P	E	D	N	K	S	Z	C	N	A	A	A
E	K	Y	N	E	P	A	L	I	T	M	I	P	N	N
W	P	N	C	F	K	I	K	R	S	X	M	P	D	C
M	A	L	A	Y	S	I	A	I	P	C	A	O	A	I
Z	I	N	M	R	M	C	U	A	G	D	R	N	W	A
R	R	H	I	E	U	Q	C	G	A	I	C	E	R	G
Q	E	G	S	G	S	S	L	A	I	L	A	M	O	S
S	B	E	N	U	E	S	S	E	T	I	O	P	I	A
L	I	B	A	N	O	R	I	I	L	A	O	S	L	Q
I	L	N	P	J	G	T	I	C	A	O	R	T	R	T
R	Y	U	O	Z	Q	G	Y	A	O	J	S	T	T	I
U	C	R	A	I	N	A	I	S	E	N	O	D	N	I
P	Z	P	U	E	G	L	S	J	D	T	B	L	S	P

DANIMARCA
ETIOPIA
FRANCIA
GRECIA
IRLANDA
INDONESIA
GIAPPONE
KENYA
LAOS
LIBANO
LIBERIA
MALAYSIA
MESSICO
NEPAL
NIGERIA
UGANDA
UCRAINA
RUSSIA
SOMALIA
SIRIA

44 - Bloemen

P	A	S	S	I	F	L	O	R	A	N	M	O	F	N
N	I	E	C	X	U	S	L	F	I	A	A	A	Z	Y
K	N	K	D	L	E	S	A	C	N	R	G	S	P	N
F	O	T	X	I	R	N	T	C	E	C	N	T	O	P
A	E	S	E	M	H	S	E	E	D	I	O	R	M	R
O	P	Y	P	J	L	C	P	Y	R	S	L	I	A	T
K	O	H	P	L	W	H	R	L	A	O	I	F	R	R
M	T	Z	Q	X	S	E	Y	O	G	A	A	O	G	L
G	E	L	S	O	M	I	N	O	W	W	U	G	H	A
U	W	D	E	L	O	S	A	R	I	G	K	L	E	V
Y	O	C	S	I	B	I	U	Z	Y	P	S	I	R	A
C	E	Z	M	L	H	L	L	U	Y	L	D	O	I	N
F	H	N	Z	L	T	U	L	I	P	A	N	O	T	D
O	R	E	V	A	P	A	P	P	J	H	R	B	A	A
H	A	I	R	E	M	U	L	P	G	I	G	L	I	O

PETALO
MAZZO
GARDENIA
IBISCO
GELSOMINO
TRIFOGLIO
LAVANDA
GIGLIO
LILLA
MARGHERITA
MAGNOLIA
NARCISO
ORCHIDEA
PAPAVERO
PASSIFLORA
PEONIA
PLUMERIA
ROSA
TULIPANO
GIRASOLE

45 - Landschappen

N	H	X	H	I	C	E	B	E	R	G	C	K	Y	H
C	Q	Z	H	Z	K	Y	Q	L	T	B	O	I	W	C
R	E	W	Z	T	H	H	X	E	D	U	L	A	P	T
K	J	C	C	K	L	Z	Q	L	J	R	L	T	G	S
M	S	P	I	X	C	O	A	L	O	S	I	A	H	P
F	O	N	A	E	C	O	G	A	L	U	N	C	I	I
Z	W	N	G	Z	Y	W	X	V	G	T	A	S	A	A
R	X	I	T	E	V	U	L	C	A	N	O	A	C	G
O	A	S	I	A	Y	G	R	O	T	T	A	C	C	G
B	G	A	G	Y	G	S	J	Q	O	U	I	L	I	I
W	C	A	J	R	F	N	E	Y	E	N	X	M	A	A
G	Q	I	X	D	Y	I	A	R	D	N	U	T	I	J
E	M	A	R	E	X	B	U	I	U	K	Q	I	O	S
P	E	N	I	S	O	L	A	M	Q	P	M	P	W	I
S	A	A	O	X	G	O	T	R	E	S	E	D	Z	R

MONTAGNA
ISOLA
GEYSER
GHIACCIAIO
GROTTA
COLLINA
ICEBERG
LAGO
PALUDE
OASI
OCEANO
FIUME
PENISOLA
SPIAGGIA
TUNDRA
VALLE
VULCANO
CASCATA
DESERTO
MARE

46 - Tuin

R	D	R	F	C	N	X	P	W	E	R	B	A	C	T
G	L	E	C	C	O	R	Z	R	U	Z	C	Z	M	R
A	P	C	N	R	T	A	W	G	A	R	Y	Z	Q	A
R	C	I	M	O	B	U	T	E	T	T	D	A	N	M
A	T	N	B	T	S	T	A	G	N	O	O	R	J	P
G	K	T	U	E	U	P	C	F	A	U	N	R	O	O
E	O	O	Y	T	O	P	N	A	E	M	G	E	T	L
F	I	X	N	T	Q	O	A	E	R	V	A	T	A	I
I	L	M	D	U	W	H	P	K	B	A	I	C	E	N
O	G	I	A	R	D	I	N	O	A	S	Q	T	A	O
R	U	H	T	F	L	Q	K	O	C	D	S	M	E	H
E	P	A	L	B	E	R	O	R	C	P	A	L	A	S
H	S	N	A	U	Y	X	C	N	E	H	H	T	F	J
D	E	R	A	S	T	R	E	L	L	O	G	U	A	N
B	C	N	K	N	E	G	F	I	L	B	O	X	B	B

PANCA
FIORE
ALBERO
FRUTTETO
GARAGE
PRATO
ERBA
AMACA
RASTRELLO
RECINTO

ERBACCE
ROCCE
PALA
TUBO
CESPUGLIO
TERRAZZA
TRAMPOLINO
GIARDINO
STAGNO
VITE

47 - Beroepen #2

T	O	G	H	E	Y	A	T	O	L	I	P	B	F	A
O	C	K	E	I	Z	S	O	R	E	Z	I	I	I	S
G	I	O	R	N	A	L	I	S	T	A	T	B	L	T
I	D	F	O	D	T	H	A	B	N	T	T	L	O	R
I	E	A	T	E	S	Q	G	K	A	S	O	I	S	O
N	M	R	A	T	I	H	R	S	N	I	R	O	O	N
G	N	G	C	E	U	A	I	E	G	T	E	T	F	A
E	D	O	R	C	G	B	C	S	E	N	N	E	O	U
G	W	T	E	T	N	I	O	D	S	E	A	C	P	T
N	U	O	C	I	I	O	L	B	N	D	L	A	X	A
E	W	F	I	V	L	L	T	C	I	C	D	R	S	D
R	Z	Y	R	E	Y	O	O	G	R	U	R	I	H	C
E	D	L	N	K	P	G	R	K	C	P	J	O	P	U
J	A	A	T	U	Z	O	E	R	G	T	E	Y	H	Q
G	I	A	R	D	I	N	I	E	R	E	U	I	Z	H

MEDICO
ASTRONAUTA
BIBLIOTECARIO
BIOLOGO
AGRICOLTORE
CHIRURGO
DETECTIVE
FILOSOFO
FOTOGRAFO
INGEGNERE
GIORNALISTA
INSEGNANTE
LINGUISTA
RICERCATORE
PILOTA
PITTORE
DENTISTA
GIARDINIERE

48 - Dagen en Maanden

S	A	N	N	O	J	Y	O	I	A	N	N	E	G	F
E	I	A	N	A	M	I	T	T	E	S	A	F	B	E
T	S	L	T	W	Q	H	S	F	T	M	H	S	Z	B
T	F	D	U	M	M	P	O	S	A	O	N	O	Z	B
E	B	O	X	N	A	A	G	M	E	B	B	I	Ì	R
M	Q	M	T	U	E	R	A	C	G	I	V	R	D	A
B	J	E	N	H	R	D	T	M	B	U	E	A	E	I
R	N	N	M	E	S	E	Ì	E	M	F	N	D	L	O
E	O	I	R	G	Q	U	W	J	D	L	E	N	O	X
A	V	C	L	I	M	A	R	Z	O	Ì	R	E	C	I
N	E	A	G	U	S	A	B	A	T	O	D	L	R	N
R	M	M	B	G	S	O	G	T	X	Q	Ì	A	E	H
X	B	Z	Y	N	I	C	F	T	X	O	P	C	M	B
R	R	Y	R	O	P	D	G	I	L	U	G	L	I	O
A	E	P	T	G	I	O	V	E	D	Ì	Y	K	G	T

AGOSTO
MARTEDÌ
GIOVEDÌ
FEBBRAIO
ANNO
GENNAIO
LUGLIO
GIUGNO
CALENDARIO
MESE

LUNEDÌ
MARZO
NOVEMBRE
OTTOBRE
SETTEMBRE
VENERDÌ
SETTIMANA
MERCOLEDÌ
SABATO
DOMENICA

49 - Mode

B	O	U	T	I	Q	U	E	E	T	J	R	X	L	P
O	F	M	X	O	T	U	S	S	E	T	H	C	M	U
R	K	F	O	L	S	T	T	R	N	W	W	Q	W	L
M	F	Q	G	D	T	J	I	F	D	C	T	P	A	S
O	Z	Z	I	P	E	K	L	C	E	A	S	P	Q	A
D	C	A	Q	Y	X	L	E	O	N	R	Q	Z	E	N
E	S	I	K	E	F	S	L	X	Z	O	Z	D	Q	T
R	K	C	T	G	Q	L	S	O	A	M	A	R	T	I
N	N	U	A	A	O	R	I	G	I	N	A	L	E	F
O	R	I	R	P	R	M	O	D	E	S	T	O	P	D
D	D	C	L	I	U	P	R	I	C	A	M	O	W	L
C	O	N	F	O	R	T	E	V	O	L	E	Z	R	Z
S	E	M	P	L	I	C	E	T	N	A	G	E	L	E
A	B	B	I	G	L	I	A	M	E	N	T	O	K	Y
P	P	B	L	M	I	S	U	R	E	X	O	N	Q	W

MISURE
MODESTO
RICAMO
CONFORTEVOLE
CARO
SEMPLICE
ELEGANTE
PIZZO
ABBIGLIAMENTO
PULSANTI
MODERNO
ORIGINALE
MODELLO
PRATICO
STILE
TESSUTO
TRAMA
TENDENZA
BOUTIQUE

50 - Tuinieren

C	M	E	B	S	P	O	R	C	O	C	S	C	W	S
L	O	A	M	O	O	E	C	H	G	O	B	O	R	C
Q	M	N	Z	W	T	L	A	Q	Y	M	Q	M	S	L
M	I	Z	T	Z	O	A	A	S	O	P	I	M	B	T
N	J	P	X	E	O	N	N	A	P	O	Y	E	S	U
S	U	O	L	O	N	O	F	I	Q	S	E	S	A	B
C	L	I	M	A	Y	I	O	L	C	T	S	T	C	O
E	Q	Q	X	Q	O	G	T	G	C	O	O	I	Q	F
Q	E	Y	S	M	X	A	K	O	F	N	T	B	U	O
F	R	U	T	T	E	T	O	F	R	X	I	I	A	G
I	I	C	M	F	I	S	K	D	D	E	C	L	G	L
J	R	Y	T	W	C	S	E	M	I	I	O	E	N	I
M	O	W	T	P	E	L	A	E	R	O	L	F	P	A
P	I	M	U	R	P	U	N	R	M	M	E	X	R	M
T	F	F	A	Z	S	U	M	I	D	I	T	À	H	E

FOGLIA
FLOREALE
FIORIRE
SUOLO
MAZZO
FRUTTETO
BOTANICO
COMPOST
CONTENITORE
COMMESTIBILE
ESOTICO
FOGLIAME
CLIMA
STAGIONALE
TUBO
SPECIE
UMIDITÀ
SPORCO
ACQUA
SEMI

51 - Menselijk Lichaam

S	A	N	G	U	E	E	B	K	B	E	D	U	O	Y
F	J	Q	W	L	F	U	E	L	M	J	C	M	R	T
L	I	N	G	U	A	B	M	A	G	C	Q	T	E	K
F	L	E	H	Y	G	J	M	J	Q	Y	E	E	C	T
U	E	D	U	N	Q	O	N	A	M	G	Z	S	C	B
S	S	U	W	O	W	L	M	S	N	W	P	T	H	S
X	Y	Z	T	A	O	N	A	I	P	E	E	A	I	X
G	I	N	O	C	C	H	I	O	T	A	L	A	O	F
G	Z	Y	T	C	A	N	L	T	P	O	L	L	O	C
F	Y	M	I	O	M	Z	G	N	F	I	E	L	X	N
I	M	Y	D	B	O	S	I	E	U	N	P	S	A	J
C	U	O	R	E	T	B	V	M	G	W	A	U	U	M
B	F	L	P	C	S	I	A	L	L	E	C	S	A	M
E	B	L	I	J	E	F	C	D	T	E	Y	M	O	I
C	E	R	V	E	L	L	O	J	L	K	O	M	K	H

GAMBA
SANGUE
GOMITO
CAVIGLIA
MANO
CUORE
CERVELLO
TESTA
PELLE
MASCELLA
MENTO
GINOCCHIO
STOMACO
BOCCA
COLLO
NASO
ORECCHIO
SPALLA
LINGUA
DITO

52 - Energie

T	M	X	G	L	U	V	N	X	D	C	B	E	I	X
Q	U	O	O	K	G	E	U	C	I	F	A	L	N	D
B	M	R	T	P	A	N	C	H	E	N	T	E	D	G
J	H	S	B	O	F	T	L	F	S	N	T	T	U	E
S	U	P	O	I	R	O	E	O	E	U	E	T	S	T
O	E	C	X	C	N	E	A	T	L	A	R	R	T	N
A	A	M	A	G	I	A	R	A	N	Y	I	O	R	A
B	E	N	Z	I	N	A	E	K	X	E	A	N	I	R
E	L	E	T	T	R	I	C	O	U	N	I	E	A	U
F	O	T	O	N	E	R	O	P	A	V	K	B	R	B
I	N	Q	U	I	N	A	M	E	N	T	O	N	M	R
I	D	R	O	G	E	N	O	B	C	J	Y	Y	I	A
R	I	N	N	O	V	A	B	I	L	E	B	G	E	C
E	N	T	R	O	P	I	A	C	A	L	O	R	E	I
C	A	R	B	O	N	I	O	Z	W	Z	L	E	S	G

BATTERIA
BENZINA
CARBURANTE
DIESEL
ELETTRICO
ELETTRONE
ENTROPIA
FOTONE
RINNOVABILE
INDUSTRIA
CARBONIO
MOTORE
NUCLEARE
AMBIENTE
VAPORE
TURBINA
INQUINAMENTO
CALORE
IDROGENO
VENTO

53 - Familie

A	S	N	E	A	Z	J	B	M	J	O	Y	J	O	C
A	N	B	A	Q	W	R	A	A	Z	I	U	D	U	N
G	I	T	G	L	C	X	M	D	E	R	Y	W	I	L
M	E	P	E	H	X	K	B	R	U	Q	O	C	O	K
O	Z	M	A	N	C	Z	I	E	C	O	B	T	J	P
G	I	N	E	D	A	A	N	N	O	N	N	A	B	X
L	Y	M	P	L	R	T	I	B	A	M	B	I	N	O
I	S	Z	U	G	L	E	O	N	I	F	S	Z	L	T
E	C	Y	G	N	T	I	O	I	Z	R	O	C	B	I
S	B	Z	M	X	Y	W	F	P	N	A	R	O	K	R
P	A	T	E	R	N	O	I	O	A	T	E	M	U	A
N	O	N	N	O	U	X	J	T	F	E	L	N	Y	M
F	I	G	L	I	A	A	Y	E	N	L	L	L	J	F
H	J	Z	T	W	S	K	Q	J	I	L	A	Q	W	H
O	Y	X	Y	W	Q	R	Y	F	N	O	Z	U	F	G

FRATELLO
FIGLIA
NONNA
INFANZIA
BAMBINO
BAMBINI
NIPOTE
MARITO
MADRE
ZIO
NONNO
ZIA
GEMELLI
PADRE
PATERNO
ANTENATO
MOGLIE
SORELLA

54 - Gebouwen

F	A	T	T	O	R	I	A	X	N	Q	C	U	C	O
T	E	A	T	R	O	O	O	I	E	W	I	N	A	S
S	C	U	O	L	A	I	T	G	J	R	N	I	S	P
F	O	C	Y	Y	Y	R	A	H	O	M	E	V	T	E
Z	I	P	I	A	Q	O	C	D	T	U	M	E	E	D
O	R	E	M	T	U	T	R	B	N	S	A	R	L	A
A	O	R	N	A	S	A	E	A	E	E	H	S	L	L
F	T	R	U	I	U	V	M	S	M	O	T	I	O	E
K	A	O	E	C	L	R	R	Q	A	J	S	T	E	M
H	R	T	H	S	E	E	E	R	T	N	D	À	Z	Q
P	O	I	D	A	T	S	P	U	R	J	I	H	T	N
L	B	Q	U	B	O	S	U	H	A	R	T	B	C	R
R	A	T	H	M	H	O	S	M	P	U	A	F	A	O
U	L	Q	M	A	T	E	T	L	P	O	Q	H	C	C
K	F	Y	A	C	I	R	B	B	A	F	O	A	B	P

AMBASCIATA
APPARTAMENTO
CINEMA
FATTORIA
CABINA
FABBRICA
HOTEL
CASTELLO
LABORATORIO
MUSEO
OSSERVATORIO
SCUOLA
FIENILE
STADIO
SUPERMERCATO
TENDA
TEATRO
TORRE
UNIVERSITÀ
OSPEDALE

55 - Kunst

O	Q	X	O	N	J	J	C	S	F	E	S	G	U	V
S	N	E	O	A	U	A	E	E	U	I	O	E	F	I
S	S	E	M	K	M	R	R	M	N	N	G	N	I	S
E	C	R	S	Q	Q	X	A	P	E	P	G	O	G	I
L	U	R	I	T	F	A	M	L	J	J	E	I	U	V
P	L	A	L	T	O	F	I	I	G	P	T	Z	R	O
M	T	R	A	M	P	J	C	C	T	E	T	I	A	J
O	U	T	E	M	T	U	A	E	K	N	O	S	O	B
C	R	I	R	E	S	P	R	E	S	S	I	O	N	E
C	A	R	R	L	U	N	I	X	Y	T	N	P	K	L
A	R	Y	U	S	I	M	B	O	L	O	L	M	I	C
Z	Q	E	S	E	L	A	N	I	G	I	R	O	F	D
D	S	H	A	I	S	E	O	P	L	B	N	C	X	L
R	D	Z	P	R	R	I	S	P	I	R	A	T	O	F
U	M	O	R	E	E	P	E	R	S	O	N	A	L	E

SCULTURA
COMPLESSO
CREARE
SEMPLICE
ONESTO
FIGURA
ISPIRATO
UMORE
CERAMICA
SOGGETTO
ORIGINALE
PERSONALE
POESIA
RITRARRE
COMPOSIZIONE
DIPINTI
SURREALISMO
SIMBOLO
ESPRESSIONE
VISIVO

56 - Beroepen #1

A	C	A	C	C	I	A	T	O	R	E	T	G	Q	B
T	C	A	R	T	O	G	R	A	F	O	G	E	W	A
L	B	A	N	C	H	I	E	R	E	T	Z	O	E	L
E	K	O	C	I	L	U	A	R	D	I	S	L	R	L
T	P	I	A	N	I	S	T	A	O	S	D	O	E	E
A	A	S	T	R	O	N	O	M	O	T	P	G	I	R
I	N	F	E	R	M	I	E	R	A	U	I	O	L	I
Y	U	N	K	U	X	D	G	O	O	F	N	D	L	N
E	O	I	R	A	N	I	R	E	T	E	V	B	E	O
P	A	T	S	I	C	A	M	R	A	F	W	M	I	H
M	U	S	I	C	I	S	T	A	C	R	J	E	O	N
A	M	B	A	S	C	I	A	T	O	R	E	D	I	U
P	S	I	C	O	L	O	G	O	V	X	E	I	G	G
R	T	R	E	G	E	Y	U	Z	V	J	A	C	H	Z
P	T	P	U	H	P	K	E	D	A	T	E	O	X	D

AVVOCATO
AMBASCIATORE
FARMACISTA
ASTRONOMO
ATLETA
BANCHIERE
CARTOGRAFO
BALLERINO
VETERINARIO
MEDICO
EDITORE
GEOLOGO
CACCIATORE
GIOIELLIERE
IDRAULICO
MUSICISTA
PIANISTA
PSICOLOGO
INFERMIERA

57 - Antarctica

P	I	N	G	U	I	N	I	N	U	V	O	L	E	W
L	F	A	C	Q	U	A	P	E	N	I	S	O	L	A
R	O	C	C	I	O	S	O	L	N	W	B	B	Y	X
A	M	B	I	E	N	T	E	O	O	F	B	M	U	X
M	I	N	E	R	A	L	I	S	L	Q	T	B	E	T
L	A	E	R	W	U	E	H	I	X	S	E	X	R	I
C	I	N	O	G	X	N	A	I	X	O	T	C	N	L
B	F	O	T	H	H	O	I	A	L	K	N	S	D	Z
B	A	I	A	O	C	I	F	I	T	N	E	I	C	S
Z	R	Z	C	X	U	Z	A	C	F	R	N	J	T	W
H	G	I	R	C	P	A	R	C	D	L	I	I	K	C
C	O	D	E	Y	D	R	G	A	C	F	T	M	Y	Y
X	P	E	C	D	L	G	O	I	A	I	N	M	N	E
N	O	P	I	Z	Y	I	E	H	L	M	O	F	P	K
L	T	S	R	U	T	M	G	G	M	E	C	B	C	H

BAIA
CONTINENTE
ISOLE
SPEDIZIONE
GEOGRAFIA
GHIACCIAI
GHIACCIO
MIGRAZIONE
MINERALI
AMBIENTE
RICERCATORE
PINGUINI
ROCCIOSO
PENISOLA
TOPOGRAFIA
ACQUA
SCIENTIFICO
NUVOLE

58 - Ballet

A	J	A	C	I	T	A	R	P	Q	W	L	M	C	T
P	E	T	O	A	R	T	I	S	T	I	C	O	O	E
P	U	G	R	V	P	I	L	O	C	S	U	M	M	C
L	E	A	E	O	I	U	S	T	I	L	E	T	P	N
A	Y	C	O	R	F	S	B	O	K	D	Y	I	O	I
U	T	Q	G	P	H	M	S	B	K	P	H	R	S	C
S	N	W	R	A	N	I	R	E	L	L	A	B	I	A
O	U	J	A	C	I	S	U	M	R	I	C	U	T	R
E	M	A	F	U	Y	X	H	N	F	P	C	Y	O	T
O	S	O	I	Z	A	R	G	N	B	Y	S	O	R	S
C	G	M	A	I	T	H	O	E	F	S	U	E	E	E
B	A	L	L	E	R	I	N	I	S	A	D	C	B	H
K	B	E	N	À	T	I	S	N	E	T	N	I	Q	C
A	B	I	L	I	T	À	M	H	F	B	O	I	I	R
L	Q	Q	Z	G	A	P	N	Y	T	G	E	Y	H	O

APPLAUSO
ARTISTICO
BALLERINA
COREOGRAFIA
COMPOSITORE
BALLERINI
ESPRESSIVO
GESTO
INTENSITÀ
MUSICA

ORCHESTRA
PRATICA
PUBBLICO
PROVA
RITMO
GRAZIOSO
MUSCOLI
STILE
TECNICA
ABILITÀ

59 - Fruit

B	B	T	A	E	O	A	N	G	U	R	P	P	Z	D
J	S	A	L	E	M	L	K	U	T	P	T	A	N	J
U	M	N	C	E	S	B	F	R	Q	X	W	P	C	P
K	H	A	U	C	F	I	S	F	C	C	E	A	P	Z
O	K	N	U	A	A	C	E	Z	K	D	T	I	A	W
P	A	A	C	W	U	O	G	I	S	A	N	A	N	A
E	I	B	O	I	C	C	E	A	R	A	N	C	I	A
P	G	E	B	T	Q	C	U	R	T	T	G	I	R	Q
L	E	C	L	M	X	A	V	E	N	O	P	M	A	L
L	I	P	E	S	C	A	A	P	Y	B	I	L	T	T
N	L	M	T	E	S	Z	J	C	K	G	J	Y	T	F
M	I	I	O	D	A	C	O	V	A	I	P	I	E	D
Q	C	W	G	N	N	F	E	W	A	I	W	U	N	F
K	K	M	Z	E	E	N	O	L	E	M	H	I	I	X
N	O	C	E	D	I	C	O	C	C	O	G	N	A	M

ALBICOCCA
ANANAS
MELA
AVOCADO
BANANA
BACCA
LIMONE
UVA
LAMPONE
CILIEGIA
KIWI
NOCE DI COCCO
MANGO
MELONE
NETTARINA
ARANCIA
PAPAIA
PERA
PESCA
PRUGNA

60 - Engineering

M	G	T	A	I	G	R	E	N	E	Y	D	F	A	D
I	F	T	S	A	N	G	O	L	O	U	C	M	Z	I
S	O	B	S	S	T	R	U	T	T	U	R	A	A	A
U	R	X	E	N	O	I	Z	U	R	T	S	O	C	G
R	Z	S	N	F	R	D	D	U	G	F	W	S	C	R
A	A	J	O	L	T	P	Y	O	T	I	R	T	T	A
Z	M	S	I	P	E	O	T	N	E	M	I	V	O	M
I	O	T	S	B	M	S	C	A	L	C	O	L	O	M
O	T	A	L	G	A	P	E	P	X	Z	L	O	H	A
N	O	B	U	L	I	Q	U	I	D	O	Q	O	R	I
E	R	I	P	R	D	J	H	X	D	T	U	Y	P	D
M	E	L	O	P	R	O	F	O	N	D	I	T	À	D
O	D	I	R	R	O	T	A	Z	I	O	N	E	U	O
L	B	T	P	K	S	I	K	Q	X	W	G	Y	Z	N
P	C	À	M	A	C	C	H	I	N	A	H	M	G	P

ASSE
CALCOLO
MOVIMENTO
COSTRUZIONE
DIAGRAMMA
DIAMETRO
PROFONDITÀ
DIESEL
ENERGIA
ANGOLO
FORZA
MACCHINA
MISURAZIONE
MOTORE
ROTAZIONE
STABILITÀ
STRUTTURA
LIQUIDO
PROPULSIONE
ATTRITO

61 - Literatuur

Z	N	S	S	Y	D	F	P	L	P	C	U	D	N	B
R	S	F	T	W	O	Z	O	G	O	L	A	I	D	A
R	J	U	S	I	I	W	E	R	O	T	U	A	O	H
A	I	A	U	O	L	S	S	G	A	M	E	T	W	A
L	M	M	C	M	J	E	I	S	I	L	A	N	A	R
G	T	S	A	T	S	N	A	P	G	A	K	J	M	O
O	P	I	N	I	O	N	E	N	O	I	Z	N	I	F
C	O	N	F	R	O	N	T	O	L	D	Y	F	R	A
Z	A	F	E	P	P	R	N	K	A	E	K	Z	O	T
Q	M	M	L	P	O	L	I	E	N	G	L	G	M	E
M	L	T	U	E	Q	E	N	E	A	A	L	F	A	M
N	F	L	K	E	R	O	T	A	R	R	A	N	N	Z
A	N	E	D	D	O	T	O	I	A	T	X	O	Z	I
S	A	E	N	O	I	S	U	L	C	N	O	C	O	R
B	I	O	G	R	A	F	I	A	O	O	P	R	Y	R

ANALOGIA
ANALISI
ANEDDOTO
AUTORE
BIOGRAFIA
CONCLUSIONE
DIALOGO
FINZIONE
POESIA
OPINIONE
METAFORA
POETICO
RIMA
RITMO
ROMANZO
STILE
TEMA
TRAGEDIA
CONFRONTO
NARRATORE

62 - Boeken

U	C	L	U	D	I	N	V	E	N	T	I	V	O	D
S	O	E	E	R	O	T	U	A	I	S	E	O	P	S
C	L	R	À	T	I	L	A	U	D	Q	W	R	O	C
R	L	O	D	Y	T	C	A	R	A	T	T	E	R	E
I	E	T	N	A	V	E	L	I	R	C	U	M	O	N
T	Z	T	D	Z	C	U	R	S	T	O	R	I	C	O
T	I	E	M	H	R	M	X	A	K	Q	E	Y	I	Z
O	O	L	X	L	L	O	H	R	R	E	O	N	G	N
D	N	R	Q	P	U	R	E	U	K	I	A	P	A	A
B	E	L	W	Z	B	I	K	T	G	M	O	S	R	M
S	T	O	R	I	A	S	Y	N	R	R	E	K	T	O
E	P	I	C	O	O	T	S	E	T	N	O	C	B	R
S	O	T	I	Y	X	I	D	V	P	A	G	I	N	A
G	D	J	C	K	L	C	G	V	K	X	R	H	M	I
O	W	B	C	E	R	O	T	A	R	R	A	N	A	M

AUTORE
AVVENTURA
PAGINA
COLLEZIONE
CONTESTO
DUALITÀ
EPICO
SCRITTO
STORICO
UMORISTICO
INVENTIVO
CARATTERE
LETTORE
LETTERARIO
POESIA
RILEVANTE
ROMANZO
TRAGICO
STORIA
NARRATORE

63 - Meer Informatie

U	F	M	W	Q	B	T	P	Q	R	J	L	R	E	J
T	U	M	I	S	T	E	R	I	O	S	O	N	S	F
O	T	X	X	C	O	K	K	Q	N	X	Q	B	P	O
P	U	I	M	M	A	G	I	N	A	R	I	O	L	F
I	R	D	R	O	R	O	B	O	T	K	E	I	O	A
A	I	Y	I	B	R	X	G	S	T	Y	S	R	S	N
I	S	A	M	S	I	A	H	G	A	X	T	A	I	T
S	T	P	O	M	T	L	C	X	L	N	R	N	O	A
S	I	I	N	S	O	O	C	O	U	F	E	E	N	S
A	C	A	D	E	P	S	P	D	L	B	M	C	E	T
L	O	N	O	O	F	E	I	I	Y	O	O	S	I	I
A	B	E	I	A	A	J	R	T	A	M	E	N	I	C
G	D	T	T	E	C	N	O	L	O	G	I	A	R	O
Y	G	A	R	E	A	L	I	S	T	I	C	O	F	R
C	I	L	L	U	S	I	O	N	E	S	K	E	M	W

CINEMA
LIBRI
FUOCO
IMMAGINARIO
DISTOPIA
ESPLOSIONE
ESTREMO
FANTASTICO
FUTURISTICO
ILLUSIONE
MISTERIOSO
ORACOLO
PIANETA
REALISTICO
ROBOT
SCENARIO
GALASSIA
TECNOLOGIA
UTOPIA
MONDO

64 - Regenwoud

D	P	S	I	C	J	H	Z	M	H	X	L	N	Z	G
I	R	P	B	N	P	Y	X	S	J	P	B	U	U	G
V	E	E	I	P	S	R	I	S	P	E	T	T	O	E
E	S	C	F	R	R	E	I	N	D	I	G	E	N	O
R	E	I	N	E	I	T	T	A	A	D	A	H	Q	R
S	R	E	A	Z	F	N	N	T	M	S	W	K	E	A
I	V	C	A	I	U	J	H	L	I	P	R	B	R	R
T	A	G	K	O	G	M	P	I	L	L	E	C	C	U
À	Z	H	B	S	I	A	Q	X	C	T	S	C	I	T
N	I	Y	U	O	O	O	C	I	N	A	T	O	B	A
U	O	M	U	S	C	H	I	O	H	Q	A	C	A	N
V	N	Q	T	A	T	B	À	T	I	N	U	M	O	C
O	E	E	T	G	I	U	N	G	L	A	R	H	N	J
L	M	A	M	M	I	F	E	R	I	D	O	C	P	L
E	S	O	P	R	A	V	V	I	V	E	N	Z	A	S

ANFIBI
PRESERVAZIONE
BOTANICO
DIVERSITÀ
COMUNITÀ
INDIGENO
INSETTI
GIUNGLA
CLIMA
MUSCHIO
NATURA
SOPRAVVIVENZA
RISPETTO
RESTAURO
SPECIE
RIFUGIO
UCCELLI
PREZIOSO
NUVOLE
MAMMIFERI

65 - Haartypes

U	O	A	A	C	A	S	C	I	U	T	T	O	I	G
P	N	F	D	O	N	A	S	B	R	E	V	E	Q	I
L	D	O	O	L	S	P	E	S	S	O	R	E	Q	D
U	U	I	W	O	G	R	I	G	I	O	V	L	A	C
C	L	L	B	R	L	U	N	G	O	X	T	O	W	G
I	A	O	T	A	I	C	C	E	R	T	N	I	U	L
D	T	I	W	T	C	M	Q	N	J	C	C	Q	C	F
O	O	C	K	O	Y	O	B	S	O	T	T	I	L	E
R	I	C	C	I	O	R	B	I	H	R	L	N	F	K
A	X	I	G	W	T	B	M	I	A	N	U	E	L	U
E	Q	R	H	A	N	I	N	K	O	N	W	R	S	A
Q	O	K	I	R	E	D	K	C	P	N	C	O	S	I
H	O	R	N	G	G	O	Z	W	N	R	D	O	Z	K
B	E	Q	A	Y	R	M	O	C	R	W	Y	O	T	O
Z	N	A	Y	Z	A	Z	M	A	R	R	O	N	E	K

BIONDO
MARRONE
SPESSORE
ASCIUTTO
SOTTILE
COLORATO
INTRECCIATO
SANO
LUCIDO
ONDULATO

GRIGIO
CALVO
BREVE
RICCIOLI
RICCIO
LUNGO
BIANCO
MORBIDO
ARGENTO
NERO

66 - Stad

S	U	P	E	R	M	E	R	C	A	T	O	U	F	G
S	M	C	M	X	Q	Q	U	P	I	K	R	N	I	A
T	D	D	N	A	E	N	B	A	R	X	T	I	O	L
A	I	C	A	M	R	A	F	N	E	A	A	V	R	L
D	P	H	C	E	B	Q	C	E	R	E	E	E	I	E
I	N	B	A	N	C	A	L	T	B	R	T	R	S	R
O	C	G	C	I	A	L	I	T	I	O	N	S	T	I
I	L	X	E	C	T	O	N	E	L	P	O	I	A	A
Z	A	Y	T	M	C	U	I	R	L	O	Y	T	F	C
O	G	G	O	G	U	C	C	I	N	R	E	À	B	W
G	J	L	I	G	C	S	A	A	L	T	B	P	Y	R
E	C	W	L	B	X	T	E	X	E	O	M	N	Z	I
N	H	Z	B	D	H	G	F	O	T	A	C	R	E	M
Z	W	J	I	Q	G	K	G	J	O	U	C	H	S	C
G	I	X	B	N	H	B	C	B	H	Z	T	B	G	I

FARMACIA
PANETTERIA
BANCA
BIBLIOTECA
CINEMA
FIORISTA
LIBRERIA
ZOO
GALLERIA
HOTEL

CLINICA
AEROPORTO
MERCATO
MUSEO
SCUOLA
STADIO
SUPERMERCATO
TEATRO
UNIVERSITÀ
NEGOZIO

67 - Creativiteit

D	Y	R	E	H	E	O	R	R	A	E	V	S	I	S
C	W	A	I	G	N	G	O	U	R	N	I	E	N	H
C	H	T	F	G	O	W	I	S	T	O	T	N	T	P
Y	I	I	N	O	I	S	I	V	I	I	A	T	E	N
E	B	N	A	X	S	B	C	F	S	S	L	I	N	D
N	B	O	N	R	S	G	B	R	T	S	I	M	S	R
O	V	I	T	N	E	V	N	I	I	E	T	E	I	A
I	P	Z	T	J	R	Z	Y	C	C	R	À	N	T	M
Z	D	O	W	H	P	Q	Z	J	O	P	B	T	À	M
A	H	M	D	K	M	A	L	A	A	S	D	I	F	A
R	K	E	N	O	I	Z	A	S	N	E	S	T	J	T
I	I	M	M	A	G	I	N	A	Z	I	O	N	E	I
P	A	U	T	E	N	T	I	C	I	T	À	P	Q	C
S	I	N	T	U	I	Z	I	O	N	E	U	B	E	O
I	A	B	I	L	I	T	À	X	G	S	X	T	Q	P

ARTISTICO
DRAMMATICO
AUTENTICITÀ
EMOZIONI
SENSAZIONE
SENTIMENTI
CHIAREZZA
IMPRESSIONE
ISPIRAZIONE
INTENSITÀ
INTUIZIONE
INVENTIVO
ESPRESSIONE
ABILITÀ
IMMAGINAZIONE
VISIONI
VITALITÀ

68 - Natuur

F	O	R	E	S	T	A	P	X	D	E	W	E	W	S
H	X	L	M	N	N	E	M	A	I	L	G	O	F	C
E	O	S	U	M	U	V	F	O	N	A	A	I	S	O
S	R	A	I	I	V	I	P	A	A	C	N	G	F	G
N	A	O	F	E	O	T	C	Z	M	I	I	U	M	L
X	E	N	S	Y	L	A	O	Z	I	P	M	F	O	I
P	S	B	T	I	E	L	U	E	C	O	A	I	I	E
E	I	D	B	U	O	E	J	L	O	R	L	R	A	R
C	O	W	U	I	A	N	G	L	K	T	I	P	I	E
G	F	Z	K	H	A	R	E	E	M	J	W	H	C	W
D	E	S	E	R	T	O	I	B	X	K	N	A	C	A
W	B	O	Q	H	A	N	Q	O	C	I	T	R	A	S
S	E	L	V	A	G	G	I	O	O	Y	H	N	I	X
F	J	S	E	R	E	N	O	E	M	X	Z	L	H	U
R	P	J	H	E	Q	J	N	E	I	U	C	R	G	E

ARTICO
API
FORESTA
ANIMALI
DINAMICO
EROSIONE
FOGLIAME
GHIACCIAIO
SANTUARIO
SCOGLIERE
NEBBIA
FIUME
BELLEZZA
RIFUGIO
SERENO
TROPICALE
VITALE
SELVAGGIO
DESERTO
NUVOLE

69 - Zoogdieren

C	N	Y	H	F	Q	C	Z	A	K	F	F	W	X	I
M	A	E	S	O	T	T	A	G	S	P	L	L	L	J
O	R	N	B	U	D	M	F	N	Z	H	Q	I	I	I
P	P	F	G	T	O	R	O	Q	E	T	O	Y	O	C
U	A	T	F	U	C	O	N	I	G	L	I	O	L	G
L	C	D	H	J	R	C	I	H	Y	Z	U	B	L	O
E	E	P	L	O	V	O	R	O	T	S	A	C	E	R
L	L	O	N	I	F	L	E	D	S	Y	F	N	M	I
E	Z	L	N	P	P	P	D	B	C	M	F	W	M	L
F	P	L	F	E	J	Z	O	N	I	S	A	P	A	L
A	X	A	U	X	F	G	E	P	M	F	R	A	C	A
N	H	V	B	A	L	E	N	A	M	F	I	G	O	I
T	K	A	C	Y	N	G	H	M	I	N	G	Y	X	Y
E	P	C	M	Y	K	G	K	W	A	U	Y	F	P	U
Y	N	P	U	U	L	H	L	Y	P	U	R	X	G	O

SCIMMIA
CASTORO
COYOTE
DELFINO
ASINO
CAPRA
GIRAFFA
GORILLA
CANE
CAMMELLO
CANGURO
GATTO
CONIGLIO
LEONE
ELEFANTE
CAVALLO
TORO
VOLPE
BALENA
LUPO

70 - Overheid

N	P	E	Y	S	T	A	T	O	D	U	D	D	S	G
Q	U	A	R	T	I	E	R	E	R	G	I	I	I	I
S	T	T	B	P	J	Y	F	C	L	U	S	S	M	U
M	R	E	W	Q	F	H	P	O	P	A	C	C	B	D
N	A	Z	I	O	N	A	L	E	A	G	O	U	O	I
D	E	M	O	C	R	A	Z	I	A	L	R	S	L	Z
M	D	G	Z	K	E	I	O	M	D	I	S	S	O	I
O	I	L	G	C	B	Z	S	C	M	A	O	I	Z	A
N	R	I	K	E	L	I	V	I	C	N	U	O	J	R
U	I	B	D	Z	L	T	B	L	W	Z	X	N	K	I
M	T	E	X	A	E	S	M	B	Y	A	J	E	O	O
E	T	R	U	S	T	U	Y	A	S	O	J	Y	P	I
N	I	T	W	O	H	I	N	A	Z	I	O	N	E	W
T	Q	À	O	B	D	G	P	O	L	I	T	I	C	A
O	C	I	T	T	A	D	I	N	A	N	Z	A	N	L

CITTADINANZA
CIVILE
DEMOCRAZIA
DISCUSSIONE
UGUAGLIANZA
GIUDIZIARIO
GIUSTIZIA
CAPO
MONUMENTO
NAZIONE
NAZIONALE
POLITICA
DIRITTI
STATO
SIMBOLO
DISCORSO
LIBERTÀ
LEGGE
QUARTIERE

71 - Voertuigen

F	T	H	E	E	E	A	Q	J	Y	U	T	X	W	X
X	F	S	R	F	M	L	E	Y	G	S	K	R	U	Q
A	U	T	O	B	U	S	I	R	M	O	T	O	R	E
B	P	Z	T	N	L	S	W	C	E	C	T	N	R	O
I	N	U	T	D	W	D	J	A	O	O	K	E	A	N
C	E	N	A	V	A	R	A	C	K	T	Z	R	Z	I
I	U	C	R	E	T	O	O	C	S	H	T	T	Z	R
C	M	A	T	I	E	Z	Z	Y	G	T	E	E	O	A
L	A	M	A	M	G	O	A	M	W	R	J	N	R	M
E	T	I	U	N	U	F	D	T	E	O	J	Y	K	O
T	I	O	T	O	G	X	E	Y	T	B	O	I	K	T
T	C	N	O	Q	J	I	M	T	T	E	P	O	P	T
A	I	R	J	F	Y	U	C	G	A	C	R	A	B	O
A	M	B	U	L	A	N	Z	A	X	C	G	A	R	S
T	R	A	G	H	E	T	T	O	I	T	E	E	G	R

AMBULANZA
AUTO
PNEUMATICI
BARCA
AUTOBUS
CARAVAN
BICICLETTA
ELICOTTERO
MOTORE
SOTTOMARINO
RAZZO
SCOOTER
TAXI
TRATTORE
TRENO
TRAGHETTO
AEREO
ZATTERA
CAMION

72 - Geografie

W	C	C	E	N	A	E	E	M	I	S	F	E	R	O
H	D	J	G	A	M	H	S	I	U	N	R	Q	J	U
X	H	T	M	L	R	H	E	F	S	K	R	R	O	M
U	R	B	L	O	K	N	A	X	I	M	B	E	R	E
G	O	Z	Y	S	N	F	P	G	J	U	H	T	E	A
U	S	E	S	I	E	T	C	O	T	F	M	N	G	U
C	D	R	O	N	K	M	A	P	P	A	M	E	I	X
P	I	O	N	A	E	C	O	G	P	O	D	N	O	M
Z	U	T	S	E	V	O	K	X	N	U	U	I	N	K
A	Z	A	T	B	Q	N	S	G	S	A	S	T	E	Z
X	E	U	C	À	F	O	U	H	T	C	H	N	I	F
U	P	Q	M	E	R	I	D	I	A	N	O	O	R	D
R	T	E	N	I	D	U	T	I	T	A	L	C	I	W
P	Q	L	M	A	R	E	T	N	A	L	T	A	T	K
A	L	T	I	T	U	D	I	N	E	A	M	K	U	K

ATLANTE
MONTAGNA
LATITUDINE
CONTINENTE
ISOLA
EQUATORE
EMISFERO
ALTITUDINE
MAPPA
PAESE
MERIDIANO
NORD
OCEANO
REGIONE
FIUME
CITTÀ
MONDO
OVEST
MARE
SUD

73 - Kunstbenodigdheden

F	C	X	C	R	E	A	T	I	V	I	T	À	G	I
T	A	V	O	L	O	Y	M	L	J	K	I	C	O	N
A	C	Q	U	E	R	E	L	L	I	Q	R	D	M	C
V	E	R	N	I	C	I	C	W	B	R	T	Q	M	H
T	L	C	T	O	I	O	G	A	U	Q	C	A	A	I
J	O	A	G	H	L	G	I	H	R	D	J	Q	I	O
N	Z	V	S	Z	L	I	R	M	E	B	N	I	D	S
P	Z	A	J	R	E	Y	O	M	A	O	O	Q	E	T
K	A	L	C	B	T	X	L	Y	H	T	I	N	S	R
J	P	L	Z	K	S	C	O	L	L	A	I	N	E	O
I	S	E	Z	L	A	C	C	D	G	Y	X	T	M	I
M	J	T	R	X	P	A	G	D	H	M	O	D	E	C
X	A	T	R	X	A	R	E	M	A	C	E	L	E	T
M	X	O	N	B	Y	T	A	C	R	I	L	I	C	O
H	E	Q	B	I	C	A	A	R	G	I	L	L	A	Q

ACRILICO
ACQUERELLI
SPAZZOLE
TELECAMERA
CREATIVITÀ
CAVALLETTO
GOMMA
CARBONE
INCHIOSTRO
ARGILLA
COLORI
COLLA
OLIO
CARTA
PASTELLI
MATITE
SEDIA
TAVOLO
VERNICI
ACQUA

74 - Barbecues

P	O	W	U	F	F	N	N	G	P	C	N	R	R	F
R	X	W	F	O	A	I	I	C	O	H	A	J	N	A
A	N	T	Y	R	M	L	R	Q	L	T	Z	L	R	M
N	C	I	J	C	I	I	S	R	L	I	I	T	D	E
Z	E	P	G	H	G	A	D	S	O	G	Q	V	E	O
O	N	O	R	E	L	I	E	S	T	A	T	E	N	D
A	A	M	I	T	I	L	N	O	H	X	U	L	W	I
E	T	O	G	T	A	C	X	S	H	T	P	A	E	N
N	T	D	L	E	X	S	J	Y	A	T	P	S	R	B
E	U	O	I	M	U	S	I	C	A	L	F	L	U	X
J	R	R	A	T	D	S	O	B	C	X	A	T	D	N
I	F	I	S	C	O	L	T	E	L	L	I	T	R	F
I	X	E	L	L	O	P	I	C	P	E	P	E	E	R
K	D	E	A	W	G	Y	H	H	J	W	H	T	V	M
O	E	M	S	S	C	A	Q	Q	J	S	D	X	Q	O

CENA
FAMIGLIA
FRUTTA
GRIGLIA
VERDURE
CALDO
FAME
POLLO
PRANZO
COLTELLI

MUSICA
PEPE
INSALATE
SALSA
POMODORI
CIPOLLE
INVITO
FORCHETTE
ESTATE
SALE

75 - Schoonheid

H	F	A	S	C	I	N	O	J	N	S	E	J	O	E
P	R	O	D	O	T	T	I	C	I	B	R	O	F	L
W	G	I	K	O	M	R	N	L	P	I	O	A	S	E
R	R	H	L	N	H	G	H	F	O	C	L	P	J	G
A	A	C	S	Y	Z	A	M	A	A	I	O	J	J	A
N	Z	C	P	H	A	W	K	F	Y	T	C	O	L	N
H	I	E	T	N	A	G	E	L	E	E	Y	C	I	Z
R	A	P	S	S	Z	M	U	M	S	M	S	I	I	A
O	T	S	T	E	N	O	P	O	G	S	Q	N	X	R
S	R	W	I	R	A	P	K	O	Z	O	B	E	D	A
S	U	F	L	V	R	X	W	H	O	C	G	G	P	C
E	C	C	I	I	G	L	I	S	C	I	O	O	E	S
T	C	U	S	Z	A	B	K	K	D	N	U	T	L	A
T	O	U	T	I	R	J	X	A	Y	C	A	O	L	M
O	X	G	A	Y	F	U	K	J	I	X	B	F	E	P

FASCINO
COSMETICI
SERVIZI
ELEGANTE
ELEGANZA
FOTOGENICO
GRAZIA
FRAGRANZA
LISCIO
PELLE

COLORE
RICCIOLI
ROSSETTO
MASCARA
PRODOTTI
FORBICI
SHAMPOO
SPECCHIO
STILISTA
TRUCCO

76 - Wetenschappelijke Discip

I	E	Q	W	N	R	O	B	O	T	I	C	A	A	M
M	A	P	P	I	E	O	M	B	A	Y	F	D	I	I
M	Z	S	Q	M	M	U	G	Z	I	A	R	C	M	N
U	L	D	L	U	X	Q	R	B	G	K	J	T	O	E
N	J	U	L	P	K	J	F	O	O	S	O	C	N	R
O	G	E	O	L	O	G	I	A	L	H	A	M	O	A
L	B	S	N	U	H	T	X	C	O	O	P	K	R	L
O	O	M	E	C	C	A	N	I	C	A	G	A	T	O
G	T	P	Y	F	Z	L	B	M	E	D	P	I	S	G
I	A	A	I	G	O	L	O	I	C	O	S	G	A	I
A	N	R	L	Y	P	B	K	H	K	I	J	O	R	A
A	I	G	O	L	O	E	H	C	R	A	L	L	Z	Q
J	C	F	I	S	I	O	L	O	G	I	A	O	P	D
L	A	A	N	A	T	O	M	I	A	O	Y	I	E	P
B	I	O	C	H	I	M	I	C	A	O	U	B	Q	L

ANATOMIA
ARCHEOLOGIA
ASTRONOMIA
BIOCHIMICA
BIOLOGIA
CHIMICA
ECOLOGIA
FISIOLOGIA
GEOLOGIA
IMMUNOLOGIA
MECCANICA
MINERALOGIA
NEUROLOGIA
BOTANICA
ROBOTICA
SOCIOLOGIA

77 - Bijvoeglijke Naamwoorden

R	S	E	L	V	A	G	G	I	O	N	A	I	P	C
D	E	O	T	A	N	N	O	S	S	A	U	N	R	D
E	S	S	T	L	Y	O	D	J	F	N	T	T	O	R
S	T	O	P	E	R	H	Y	D	T	Y	E	E	D	A
C	A	I	R	O	S	A	L	A	T	O	N	R	U	M
R	N	L	Y	T	N	J	E	L	Z	F	T	E	T	M
I	C	G	A	A	C	S	L	S	N	A	I	S	T	A
T	O	O	O	T	A	M	A	F	F	A	C	S	I	T
T	C	G	P	O	S	N	R	B	E	F	O	A	V	I
I	Z	R	U	D	A	O	U	C	I	N	X	N	O	C
V	F	O	R	K	N	R	T	N	R	L	R	T	L	O
O	C	O	O	O	O	M	A	U	T	P	E	E	P	D
L	C	Z	R	B	W	A	N	O	I	X	S	B	F	Q
O	A	G	G	T	Q	L	O	V	I	T	A	E	R	C
Z	S	D	H	F	E	E	E	O	P	A	B	U	Z	Y

AUTENTICO
DOTATO
DESCRITTIVO
CREATIVO
DRAMMATICO
SANO
AFFAMATO
INTERESSANTE
STANCO
NATURALE
NUOVO
NORMALE
PRODUTTIVO
ASSONNATO
FORTE
ORGOGLIOSO
RESPONSABILE
SELVAGGIO
SALATO
PURO

78 - Kleding

S	G	R	A	X	K	G	O	N	N	A	D	O	M	F
C	C	J	W	U	E	W	O	T	T	O	P	P	A	C
U	H	I	O	T	T	E	L	A	I	C	C	A	R	B
R	W	N	A	M	N	C	Z	P	R	B	L	T	P	G
K	F	I	W	R	S	F	H	C	E	T	A	T	A	U
W	Q	Z	S	K	P	K	I	R	L	L	C	E	N	A
S	I	L	A	D	N	A	S	G	U	R	I	C	T	N
S	C	A	E	C	A	M	I	C	I	A	N	I	A	T
E	C	C	W	M	B	C	T	O	B	M	T	M	L	I
Q	S	A	I	B	G	O	Y	Y	M	A	U	A	O	P
I	X	P	R	R	T	L	K	H	E	I	R	C	N	G
T	T	F	D	P	X	L	K	Q	R	G	A	D	I	M
K	E	M	D	F	A	A	K	X	G	I	A	C	C	A
J	G	M	Z	X	M	N	G	Q	Q	P	Y	E	S	R
Q	O	G	U	W	Y	A	C	A	P	P	E	L	L	O

BRACCIALETTO
CAMICETTA
PANTALONI
GUANTI
CAPPELLO
CAPPOTTO
GIACCA
ABITO
COLLANA
MODA
PIGIAMA
CINTURA
GONNA
SANDALI
SCARPA
GREMBIULE
CAMICIA
SCIARPA
CALZINI

79 - Vliegtuigen

N	A	L	T	E	Z	Z	A	S	E	C	S	I	D	A
U	A	U	A	L	A	Z	N	E	L	O	B	R	U	T
J	O	V	I	Y	W	T	L	S	H	S	O	S	L	O
D	R	E	I	M	M	A	Y	F	O	T	N	N	M	L
I	E	B	Q	G	D	F	P	C	T	R	I	Z	D	I
D	G	S	P	U	A	H	Z	T	M	U	C	T	Y	P
R	G	T	I	A	I	R	A	Z	H	Z	N	G	Z	N
O	E	D	T	G	P	P	E	Q	I	I	O	Z	E	K
G	S	G	P	R	N	T	A	Z	Q	O	L	E	I	C
E	S	Z	U	Z	W	X	L	G	Z	N	L	E	W	I
N	A	I	R	O	T	S	D	G	G	E	A	C	G	Q
O	P	R	C	A	Q	B	P	L	S	I	P	E	T	D
C	A	R	B	U	R	A	N	T	E	E	O	B	Y	R
D	I	R	E	Z	I	O	N	E	C	W	U	I	N	N
A	V	V	E	N	T	U	R	A	M	O	T	O	R	E

DISCESA
AVVENTURA
PALLONCINO
EQUIPAGGIO
COSTRUZIONE
CARBURANTE
STORIA
CIELO
ALTEZZA
ARIA
MOTORE
NAVIGARE
DESIGN
PASSEGGERO
PILOTA
DIREZIONE
TURBOLENZA
IDROGENO

80 - Herbalisme

V	I	X	A	Q	U	A	L	I	T	À	O	R	M	D
E	O	E	F	R	F	I	N	O	C	C	H	I	O	R
R	U	F	S	O	O	N	I	R	A	M	S	O	R	A
D	K	B	K	N	L	M	G	U	S	T	O	I	A	G
E	E	F	J	I	A	O	A	N	Z	Q	K	A	O	O
S	T	L	Y	D	V	J	M	T	F	I	O	R	E	N
I	N	L	Q	R	A	O	U	E	I	H	Z	O	O	C
W	E	D	U	A	N	O	R	A	Z	C	M	Q	W	E
T	I	M	O	I	D	U	G	S	O	Z	O	K	F	L
L	D	T	N	G	A	R	O	E	X	W	E	F	J	L
L	E	B	A	S	I	L	I	C	O	S	U	R	M	O
K	R	E	G	C	I	O	L	A	N	E	T	O	P	F
J	G	F	I	M	A	G	G	I	O	R	A	N	A	C
O	N	A	R	E	F	F	A	Z	B	M	D	K	K	N
H	I	K	O	I	R	A	N	I	L	U	C	S	C	F

AROMATICO
BASILICO
FIORE
CULINARIO
ANETO
DRAGONCELLO
VERDE
INGREDIENTE
AGLIO
QUALITÀ
LAVANDA
MAGGIORANA
ORIGANO
PREZZEMOLO
ROSMARINO
ZAFFERANO
GUSTO
TIMO
GIARDINO
FINOCCHIO

81 - Kracht en Zwaartekracht

À	T	I	C	O	L	E	V	J	I	P	Y	Z	J	S
S	B	T	Q	T	A	E	D	I	S	T	A	N	Z	A
U	O	S	X	N	O	N	U	C	I	S	F	M	P	P
S	D	P	N	E	G	O	G	D	J	D	L	A	R	I
D	R	H	O	M	S	I	T	E	N	G	A	M	O	A
C	I	S	A	I	L	S	M	Q	L	I	J	E	P	N
S	B	N	N	V	C	S	E	P	J	Q	Q	H	R	E
Y	C	E	A	O	Y	E	Y	F	A	H	R	G	I	T
G	G	O	G	M	P	R	O	I	T	T	N	D	E	I
U	Q	W	P	B	I	P	F	S	I	H	T	J	T	A
M	I	U	L	E	O	C	K	I	B	F	E	O	À	S
T	H	H	F	Y	R	S	O	C	R	F	L	S	J	S
C	E	N	T	R	O	T	Z	A	O	P	M	E	T	E
P	J	M	A	C	I	N	A	C	C	E	M	P	U	M
Y	O	E	S	P	A	N	S	I	O	N	E	K	M	F

DISTANZA
ASSE
ORBITA
MOVIMENTO
CENTRO
PRESSIONE
DINAMICO
PROPRIETÀ
PESO
IMPATTO
MAGNETISMO
MECCANICA
FISICA
SCOPERTA
PIANETI
VELOCITÀ
TEMPO
ESPANSIONE

82 - Het Bedrijf

G	X	Y	M	L	M	P	U	X	N	E	U	E	Y	I
L	N	N	R	O	V	I	T	A	V	O	N	N	I	N
O	H	A	T	H	X	T	F	T	M	S	I	O	R	V
B	P	W	I	U	M	N	O	T	J	S	T	I	A	E
A	P	R	O	D	O	T	T	O	Y	E	À	S	L	S
L	G	I	J	I	I	H	C	S	I	R	T	I	A	T
E	H	R	Z	N	G	N	N	I	L	G	I	C	S	I
Z	W	C	R	P	C	J	D	N	J	O	L	E	T	M
N	E	D	R	F	J	W	Z	U	I	R	A	D	S	E
E	R	A	R	E	N	E	G	Z	S	P	U	N	T	N
D	M	M	D	C	A	E	Y	Y	L	T	Q	E	O	T
N	U	Z	U	I	B	T	A	B	N	T	R	B	Y	O
E	À	T	I	L	I	B	I	S	S	O	P	I	R	U
T	R	E	D	D	I	T	O	V	H	B	G	A	A	C
I	G	Q	Q	X	O	Q	G	N	O	P	Q	P	F	W

DECISIONE
CREATIVO
UNITÀ
GENERARE
GLOBALE
INDUSTRIA
REDDITO
INNOVATIVO
INVESTIMENTO
QUALITÀ
SALARI
POSSIBILITÀ
PRODOTTO
RISCHI
TENDENZE
PROGRESSO

83 - Rijden

I	P	T	J	H	H	L	M	S	T	E	I	F	P	J
J	N	F	D	S	P	T	T	T	H	Y	W	R	T	C
Q	L	C	X	B	P	A	F	X	Q	M	W	E	U	A
M	I	M	I	C	A	M	I	O	N	A	X	N	G	R
V	O	O	K	D	M	A	P	P	A	Z	U	I	T	B
E	T	T	D	L	E	N	N	U	T	Z	Q	T	M	U
L	R	G	O	T	L	N	F	B	I	E	G	O	O	R
O	O	F	L	S	A	M	T	B	P	R	L	S	C	A
C	P	U	O	W	N	O	X	E	O	U	I	X	I	N
I	S	E	C	G	O	R	F	G	L	C	C	Z	F	T
T	A	F	I	Y	D	L	T	A	I	I	E	M	F	E
À	R	B	R	J	E	K	X	R	Z	S	N	L	A	I
F	T	C	E	K	P	Q	L	A	I	Y	Z	Z	R	Z
C	H	K	P	G	A	S	Q	G	A	D	A	R	T	S
D	D	X	W	Z	Q	K	P	S	M	O	T	O	R	E

AUTO
CARBURANTE
GARAGE
GAS
PERICOLO
MAPPA
LICENZA
MOTORE
MOTO
INCIDENTE
POLIZIA
FRENI
VELOCITÀ
TUNNEL
SICUREZZA
TRAFFICO
TRASPORTO
PEDONALE
CAMION
STRADA

84 - Wetenschap

O	M	O	T	A	Y	C	F	O	E	L	Q	E	W	R
D	R	I	E	O	M	L	I	T	S	A	Z	N	U	R
A	P	S	N	H	E	I	S	A	P	B	E	Q	E	P
T	O	E	O	E	E	M	I	I	E	O	O	J	W	W
I	G	T	I	L	R	A	C	Z	R	R	M	A	R	A
W	R	O	Z	I	D	A	A	N	I	A	S	E	G	Z
B	A	P	A	S	A	X	L	E	M	T	I	L	T	G
D	V	I	V	S	F	J	E	I	E	O	N	L	T	Y
J	I	H	R	O	N	A	W	C	N	R	A	E	C	K
C	T	S	E	F	H	A	T	S	T	I	G	C	R	N
O	À	X	S	Q	I	P	T	T	O	O	R	I	W	E
Q	A	O	S	O	H	M	Q	U	O	D	O	T	E	M
Q	E	L	O	C	E	L	O	M	R	O	R	R	S	W
E	V	O	L	U	Z	I	O	N	E	A	J	A	E	A
C	L	D	C	H	I	M	I	C	O	I	A	P	X	P

ATOMO
CHIMICO
PARTICELLE
EVOLUZIONE
ESPERIMENTO
FATTO
FOSSILE
DATI
IPOTESI
CLIMA
LABORATORIO
METODO
MINERALI
MOLECOLE
NATURA
FISICA
OSSERVAZIONE
ORGANISMO
SCIENZIATO
GRAVITÀ

85 - Natuurkunde

M	G	H	F	O	D	P	E	D	P	E	Y	U	J	A
A	R	A	O	T	E	N	O	R	T	T	E	L	E	T
S	A	X	R	N	N	R	S	G	A	S	O	A	C	O
S	V	I	M	E	S	Z	O	Z	G	G	B	W	O	M
A	I	P	U	M	I	D	D	T	E	J	M	Z	E	O
H	T	B	L	I	T	X	A	T	O	N	X	R	A	Q
N	À	C	A	R	À	K	Q	W	D	M	M	G	L	I
U	N	I	V	E	R	S	A	L	E	U	L	H	O	B
L	K	F	T	P	P	M	E	C	C	A	N	I	C	A
T	U	A	X	S	T	B	À	T	I	C	O	L	E	V
U	T	W	M	E	P	A	R	T	I	C	E	L	L	A
C	H	I	M	I	C	O	K	D	J	U	C	R	O	Y
H	M	N	M	A	G	N	E	T	I	S	M	O	M	E
R	E	L	A	T	I	V	I	T	À	A	R	W	S	D
A	C	C	E	L	E	R	A	Z	I	O	N	E	T	U

ATOMO
CAOS
CHIMICO
PARTICELLA
DENSITÀ
ELETTRONE
ESPERIMENTO
FORMULA
GAS
MAGNETISMO
MASSA
MECCANICA
MOLECOLA
MOTORE
RELATIVITÀ
VELOCITÀ
UNIVERSALE
ACCELERAZIONE
GRAVITÀ

86 - Muziekinstrumenten

V	I	O	L	O	N	C	E	L	L	O	N	N	P	H
M	A	N	D	O	L	I	N	O	N	I	L	O	I	V
W	A	L	Z	J	E	T	R	O	F	O	N	A	I	P
X	P	L	G	N	O	G	R	E	J	B	E	I	T	T
S	N	W	O	A	C	I	N	O	M	R	A	P	R	A
C	S	P	A	B	M	I	R	A	M	W	Z	X	O	M
O	L	L	E	R	U	B	M	A	T	B	R	X	M	B
B	N	Z	F	L	A	U	T	O	S	X	O	C	B	U
O	F	O	T	T	E	N	I	R	A	L	C	N	A	R
E	A	B	F	N	Q	D	K	C	G	Q	P	D	E	O
A	G	E	N	O	I	S	S	U	C	R	E	P	R	M
N	O	Y	B	B	S	H	U	D	F	E	L	X	M	E
C	T	I	U	S	A	S	G	R	G	D	G	K	B	E
L	T	C	A	C	S	D	A	R	R	A	T	I	H	C
K	O	F	T	W	H	C	Y	S	Y	G	R	Z	W	T

BANJO
VIOLONCELLO
FAGOTTO
FLAUTO
CHITARRA
GONG
ARPA
OBOE
CLARINETTO
MANDOLINO
MARIMBA
ARMONICA
PERCUSSIONE
PIANOFORTE
SASSOFONO
TAMBURELLO
TROMBONE
TAMBURO
TROMBA
VIOLINO

87 - Antiek

T	O	D	E	C	O	R	A	T	I	V	O	J	I	S
I	N	V	E	S	T	I	M	E	N	T	O	S	C	C
W	S	Y	N	A	Q	D	E	D	B	G	R	J	W	U
O	I	E	T	N	A	G	E	L	E	Q	U	L	L	L
L	Y	D	C	M	Z	J	X	U	C	U	A	D	H	T
H	À	Z	W	O	O	C	I	T	N	E	T	U	A	U
S	T	I	L	E	L	B	Z	L	K	W	S	U	E	R
V	I	T	K	T	E	O	I	A	W	M	E	T	R	A
E	L	N	P	E	J	T	F	L	S	N	R	E	O	J
C	A	I	B	N	U	I	G	H	I	T	X	P	L	P
C	U	P	T	O	U	L	E	T	F	O	A	Y	A	G
H	Q	I	W	M	H	O	Z	Z	E	R	P	Y	V	E
I	G	D	M	Z	D	S	G	A	L	L	E	R	I	A
O	I	A	T	S	I	N	O	I	Z	E	L	L	O	C
E	U	P	Z	J	G	I	F	Y	N	R	N	Y	Y	O

AUTENTICO
SCULTURA
DECORATIVO
SECOLO
ELEGANTE
GALLERIA
INVESTIMENTO
ARTE
QUALITÀ
MOBILIO
MONETE
INSOLITO
VECCHIO
PREZZO
RESTAURO
DIPINTI
STILE
ASTA
COLLEZIONISTA
VALORE

88 - Koffie

J	P	B	U	L	A	N	I	E	F	F	A	C	N	G
I	R	W	W	P	R	M	D	L	G	K	Q	R	B	C
H	E	A	C	P	R	D	E	N	I	G	I	R	O	Q
G	Z	C	A	M	O	Z	Z	R	Q	G	J	À	B	Z
T	Z	Q	M	G	S	T	G	U	C	L	A	T	T	E
A	O	U	A	U	T	K	N	I	S	O	D	E	Z	D
Q	R	A	R	S	I	M	B	A	I	W	N	I	U	M
Y	Z	O	O	T	T	J	A	G	J	G	A	R	C	F
M	F	K	M	O	O	D	I	C	A	O	V	A	C	M
G	I	Q	K	A	C	J	E	L	I	T	E	V	H	A
N	L	P	D	E	D	G	T	A	K	N	B	J	E	T
S	T	P	G	I	D	G	T	F	W	L	A	F	R	T
F	R	T	A	Z	Z	A	E	I	X	L	C	R	O	I
M	O	D	I	U	Q	I	L	B	P	X	O	R	E	N
J	E	Q	J	B	U	H	Q	N	P	J	L	I	H	A

AROMA
TAZZA
AMARO
CAFFEINA
BEVANDA
FILTRO
ARROSTITO
MACINARE
LATTE
MATTINA
ORIGINE
PREZZO
CREMA
GUSTO
ZUCCHERO
VARIETÀ
LIQUIDO
ACQUA
ACIDO
NERO

89 - Schaken

G	R	B	L	Y	O	C	C	Y	S	G	P	P	M	A
G	I	E	D	I	F	S	A	C	A	I	A	E	F	B
C	D	O	G	X	G	D	M	C	C	O	S	R	B	R
Q	O	C	C	O	F	S	P	H	R	C	S	I	D	J
A	I	N	S	O	L	A	I	J	I	A	I	M	T	B
Z	A	A	C	J	I	E	O	A	F	T	V	P	N	M
S	I	I	Q	O	R	E	N	V	I	O	O	A	U	M
W	G	B	N	A	R	Q	E	V	C	R	E	R	R	R
H	E	N	T	A	L	S	R	E	I	E	U	A	E	M
R	T	E	M	P	O	X	O	R	O	R	H	R	C	K
E	A	H	A	H	I	T	E	S	K	B	X	E	O	S
G	R	K	J	B	F	E	L	A	N	O	G	A	I	D
I	T	N	U	P	C	S	S	R	N	H	J	Q	S	H
N	S	T	E	T	N	E	G	I	L	L	E	T	N	I
A	T	O	R	N	E	O	G	O	K	N	Y	S	K	Q

DIAGONALE
CAMPIONE
RE
REGINA
PER IMPARARE
SACRIFICIO
PASSIVO
PUNTI
REGOLE
INTELLIGENTE
GIOCO
GIOCATORE
STRATEGIA
AVVERSARIO
TEMPO
TORNEO
SFIDE
CONCORSO
BIANCO
NERO

90 - Boerderij #1

J	Y	Q	A	R	U	T	L	O	C	I	R	G	A	Y
D	R	W	R	V	I	T	E	L	L	O	M	N	E	H
C	A	M	P	O	T	G	T	F	I	G	S	U	Q	P
C	U	C	A	T	X	R	N	I	R	O	Q	I	D	A
A	Q	R	C	X	M	E	A	E	P	W	T	K	R	S
V	C	O	K	U	Z	G	Z	N	P	G	H	B	N	I
A	A	H	N	O	M	G	Z	O	O	X	A	O	Z	N
L	C	O	R	V	O	E	I	S	L	G	R	T	Q	O
L	S	E	M	I	C	S	L	O	L	L	Q	N	T	D
O	B	K	S	M	A	O	I	F	O	R	D	I	A	O
R	C	W	C	H	N	Q	T	F	S	Z	S	C	P	O
K	B	A	X	B	E	H	R	A	P	E	L	E	I	M
C	L	G	X	F	A	Z	E	T	Z	P	O	R	G	W
T	T	R	Q	J	D	N	F	J	L	C	A	K	X	B
M	Q	I	S	G	H	C	P	I	B	D	R	W	H	D

APE
ASINO
CAPRA
RECINTO
CANE
MIELE
FIENO
VITELLO
GATTO
POLLO
MUCCA
CORVO
GREGGE
AGRICOLTURA
FERTILIZZANTE
CAVALLO
RISO
CAMPO
ACQUA
SEMI

91 - Huis

S	O	J	Z	D	A	L	J	K	L	Q	B	D	I	P
A	F	G	S	Z	S	P	R	R	Z	X	O	I	Y	O
T	L	W	Z	E	H	B	E	P	O	R	T	A	W	T
H	A	I	C	C	O	D	C	G	A	R	A	G	E	A
Z	R	P	C	U	T	K	I	A	N	Y	N	J	J	N
K	E	B	P	Q	T	S	N	T	T	G	I	Z	U	I
C	M	J	W	E	E	R	T	T	R	Q	C	P	U	T
P	A	Y	D	E	T	K	O	I	Q	U	U	I	K	N
I	C	M	H	Z	H	O	U	C	S	S	C	O	P	A
O	T	T	I	F	F	O	S	O	F	C	I	J	Z	C
J	U	C	O	N	I	D	R	A	I	G	A	R	D	S
K	C	Z	K	S	O	I	L	I	B	O	M	L	U	R
H	U	L	A	M	P	A	D	A	E	Z	L	Y	E	X
P	A	R	E	T	E	S	P	E	C	C	H	I	O	H
X	B	I	B	L	I	O	T	E	C	A	B	C	H	C

SCOPA
BIBLIOTECA
TETTO
PORTA
DOCCIA
GARAGE
CAMINO
RECINTO
CAMERA
SCANTINATO
CUCINA
LAMPADA
MOBILIO
PARETE
SOFFITTO
SPECCHIO
TAPPETO
SCALE
GIARDINO
ATTICO

92 - Geometrie

J	Q	S	U	K	A	E	Q	U	A	D	R	A	T	O
A	D	A	F	P	S	N	Q	O	I	L	U	M	E	G
E	L	H	W	B	S	X	G	U	J	R	L	Z	C	E
O	R	T	E	M	A	I	D	O	A	O	X	G	U	I
L	T	Q	E	T	M	A	H	I	L	Z	W	R	R	C
E	I	U	Z	Z	K	Z	Q	H	N	O	I	U	V	I
L	E	X	T	P	Z	T	L	C	A	Q	N	O	A	F
L	F	W	B	A	D	A	I	R	O	E	T	L	N	R
A	M	E	D	I	A	N	O	E	I	M	Z	O	U	E
R	J	B	E	E	T	K	U	C	F	C	H	C	F	P
A	O	R	I	Z	Z	O	N	T	A	L	E	L	F	U
P	V	E	R	T	I	C	A	L	E	Z	F	A	N	S
S	I	M	M	E	T	R	I	A	A	I	H	C	N	I
K	S	E	G	M	E	N	T	O	L	O	G	I	C	A
D	I	M	E	N	S	I	O	N	E	K	A	A	H	E

CALCOLO
CERCHIO
CURVA
DIAMETRO
DIMENSIONE
ANGOLO
ALTEZZA
ORIZZONTALE
LOGICA
MASSA
MEDIANO
SUPERFICIE
PARALLELO
SEGMENTO
SIMMETRIA
TEORIA
EQUAZIONE
VERTICALE
QUADRATO

93 - Jazz

M	U	B	L	A	C	I	N	C	E	T	K	X	Y	A
U	R	I	T	M	O	F	A	M	O	S	O	Z	H	R
S	H	A	F	A	M	E	M	Q	B	G	U	B	C	T
I	F	A	Z	G	R	E	Z	N	E	U	L	F	N	I
C	K	M	R	H	Z	N	S	T	I	L	E	H	U	S
A	E	N	Y	T	L	K	H	U	O	Q	A	P	L	T
C	O	M	P	O	S	I	Z	I	O	N	E	Z	O	A
L	Q	N	I	I	X	E	N	O	Z	N	A	C	V	M
A	M	A	S	J	R	I	H	N	A	J	X	C	E	P
O	S	U	A	L	P	P	A	C	R	I	F	F	C	O
B	I	I	F	H	G	F	C	D	R	A	F	A	C	O
E	C	O	N	C	E	R	T	O	V	O	U	N	H	P
T	A	L	E	N	T	O	G	E	N	E	R	E	I	R
P	R	E	F	E	R	I	T	I	D	N	U	T	O	N
C	O	M	P	O	S	I	T	O	R	E	M	I	B	M

ALBUM
APPLAUSO
ARTISTA
FAMOSO
COMPOSITORE
CONCERTO
PREFERITI
GENERE
INFLUENZE
CANZONE
MUSICA
ENFASI
NUOVO
ORCHESTRA
VECCHIO
RITMO
COMPOSIZIONE
STILE
TALENTO
TECNICA

94 - Getallen

S	Z	C	P	U	A	S	D	U	E	R	J	V	Q	J
D	E	E	E	D	X	F	E	C	A	L	A	E	U	I
I	U	T	R	K	R	Q	N	D	Y	U	W	N	A	N
C	Q	P	T	O	N	U	D	Q	I	E	O	T	T	O
I	N	D	P	E	I	Y	I	T	S	C	O	I	T	D
A	I	O	M	R	N	O	C	L	E	X	I	C	O	I
N	C	D	B	S	G	K	I	Z	I	J	C	I	R	C
N	C	I	A	G	D	E	O	I	C	E	I	D	D	I
O	A	C	X	Q	O	Z	T	R	T	C	D	E	I	A
V	K	I	L	I	C	L	T	H	H	K	N	R	C	S
E	L	W	U	A	J	H	O	Q	U	R	I	T	I	S
C	I	C	E	E	M	H	N	J	W	T	U	T	I	E
W	J	A	R	P	U	R	O	H	L	K	Q	P	Y	T
Q	U	A	T	T	R	O	V	Y	J	T	U	D	S	T
N	Y	E	W	R	E	Y	E	X	D	E	L	N	Z	E

OTTO
DICIOTTO
TREDICI
TRE
UNO
NOVE
DICIANNOVE
ZERO
DIECI
DODICI
DUE
VENTI
QUATTORDICI
QUATTRO
CINQUE
QUINDICI
SEI
SEDICI
SETTE
DICIASSETTE

95 - Boerderij #2

H	L	X	E	C	Q	F	E	I	U	I	A	A	P	A
G	G	B	S	C	O	R	R	U	G	R	N	J	Q	L
P	R	P	Q	A	L	U	O	R	Z	O	A	I	P	V
L	E	A	M	A	L	T	T	B	K	D	T	Q	O	E
I	T	C	N	A	E	T	T	P	I	E	R	F	R	A
Z	T	D	O	O	N	A	A	D	I	C	A	W	D	R
L	A	B	F	R	G	F	R	U	T	T	E	T	O	E
P	L	C	I	M	A	Z	T	A	N	I	M	A	L	I
A	V	M	E	R	O	T	L	O	C	I	R	G	A	E
S	E	E	N	O	I	Z	A	G	I	R	R	I	C	A
T	R	I	I	P	R	A	T	O	O	C	O	U	L	B
O	D	A	L	J	C	D	B	B	Y	P	T	L	K	F
R	U	M	E	B	K	S	Q	U	Z	E	M	A	I	S
E	R	W	A	Q	H	G	K	G	W	U	T	Y	I	Y
B	A	Z	X	W	L	K	J	K	Q	C	T	R	Z	W

ALVEARE
AGRICOLTORE
FRUTTETO
ANIMALI
ANATRA
FRUTTA
ORZO
VERDURA
PASTORE
IRRIGAZIONE
AGNELLO
LAMA
MAIS
LATTE
PECORA
FIENILE
GRANO
TRATTORE
CIBO
PRATO

96 - Psychologie

S	N	Q	R	E	P	E	N	S	I	E	R	I	L	Q
E	O	G	E	T	S	P	T	E	R	A	P	I	A	X
F	T	G	X	J	B	P	R	W	H	Q	C	R	I	M
X	I	Z	N	Q	N	F	E	O	H	W	H	I	S	X
O	E	Z	J	I	T	I	X	R	B	A	C	P	P	E
I	N	S	C	A	O	C	I	N	I	L	C	E	J	M
C	O	G	N	I	Z	I	O	N	E	E	E	F	W	O
S	I	T	U	Z	R	E	A	L	T	À	N	M	A	Z
N	Z	E	Z	N	E	U	L	F	N	I	N	Z	A	I
O	A	O	N	A	S	Q	G	L	L	A	C	U	E	O
C	S	I	P	F	C	O	N	F	L	I	T	T	O	N
N	N	O	T	N	E	M	A	T	N	U	P	P	A	I
I	E	À	T	I	L	A	N	O	S	R	E	P	U	L
W	S	C	O	M	P	O	R	T	A	M	E	N	T	O
P	E	R	C	E	Z	I	O	N	E	P	T	Q	Z	I

APPUNTAMENTO
INCONSCIO
COGNIZIONE
CONFLITTO
SOGNI
EGO
EMOZIONI
ESPERIENZE
PENSIERI
COMPORTAMENTO

SENSAZIONE
INFLUENZE
INFANZIA
CLINICO
PERCEZIONE
PERSONALITÀ
PROBLEMA
REALTÀ
TERAPIA

97 - Zakelijk

N	G	G	S	C	G	T	T	L	T	À	V	I	L	E
E	N	O	I	Z	A	S	N	A	R	T	E	N	K	C
C	G	I	Y	M	Z	P	K	U	G	E	N	V	W	O
A	I	C	F	U	N	E	O	T	R	I	D	E	X	N
R	Y	N	R	U	A	C	T	S	Z	C	I	S	D	O
R	Y	A	O	B	N	J	S	O	G	O	T	T	Z	M
I	M	L	M	U	I	Z	O	I	H	S	A	I	S	I
E	P	I	N	K	F	D	C	Z	T	U	K	M	O	A
R	B	B	D	H	D	F	Y	O	C	F	P	E	L	T
A	T	A	S	S	E	Q	J	G	T	F	N	N	D	U
U	R	E	T	N	E	D	N	E	P	I	D	T	I	L
S	C	O	N	T	O	O	L	N	W	C	D	O	E	A
N	F	A	B	B	R	I	C	A	S	I	L	D	C	V
R	K	K	Q	I	O	T	T	I	F	O	R	P	E	M
H	X	W	T	O	G	K	R	T	Y	A	C	N	S	R

CAPO
SOCIETÀ
BILANCIO
TASSE
CARRIERA
ECONOMIA
FABBRICA
FINANZA
SOLDI
REDDITO
INVESTIMENTO
UFFICIO
SCONTO
COSTO
TRANSAZIONE
VALUTA
VENDITA
DIPENDENTE
NEGOZIO
PROFITTO

98 - Voeding

P	N	A	C	L	E	V	K	W	O	W	Z	F	I	H
R	U	P	K	A	I	P	I	G	H	X	U	P	H	C
O	T	P	M	T	L	Q	J	T	R	K	J	H	B	R
T	R	E	D	E	C	O	U	S	A	R	S	D	T	Q
E	I	T	S	I	K	T	R	I	R	M	S	Y	J	Z
I	E	I	A	D	A	S	A	I	D	I	I	Z	G	F
N	N	T	L	T	W	U	M	J	E	I	S	N	L	T
E	T	O	S	G	F	G	A	X	D	F	A	K	A	O
N	E	N	A	C	O	H	R	H	W	U	L	Z	E	S
Q	U	A	L	I	T	À	O	E	J	E	U	J	A	S
P	E	S	H	J	N	J	U	G	G	R	T	X	U	I
E	D	I	G	E	S	T	I	O	N	E	E	R	K	N
S	F	E	R	M	E	N	T	A	Z	I	O	N	E	A
O	T	A	I	C	N	A	L	I	B	U	E	S	B	W
C	A	R	B	O	I	D	R	A	T	I	G	I	N	E

AMARO
CALORIE
DIETA
APPETITO
PROTEINE
BILANCIATO
FERMENTAZIONE
PESO
SANO
SALUTE
CARBOIDRATI
QUALITÀ
SALSA
GUSTO
DIGESTIONE
TOSSINA
VITAMINA
LIQUIDI
NUTRIENTE

99 - Chemie

O	I	M	R	E	A	Z	I	O	N	E	T	L	O	D
E	W	E	P	E	S	O	J	C	F	N	R	I	S	L
N	K	T	N	O	F	D	N	Y	E	X	I	Q	S	W
Z	D	A	Z	O	I	I	J	I	Z	S	U	U	I	I
I	B	L	O	H	I	C	Z	G	L	H	O	I	G	D
M	H	L	H	Y	Y	A	S	T	G	A	O	D	E	R
A	Z	I	K	R	D	S	D	C	J	T	C	O	N	O
X	N	E	P	G	N	H	P	L	N	S	I	L	O	G
C	A	R	B	O	N	I	O	O	Q	G	N	Q	A	E
K	M	Q	T	K	Z	B	C	R	C	G	A	S	W	N
R	E	T	U	A	U	B	C	O	A	Y	G	A	Q	O
E	L	E	T	T	R	O	N	E	L	J	R	L	P	P
I	O	Y	A	R	Z	G	H	L	O	B	O	R	J	U
N	Z	F	T	A	R	U	T	A	R	E	P	M	E	T
M	O	L	E	C	O	L	A	S	E	W	Y	Y	A	W

ALCALINO
CLORO
ELETTRONE
ENZIMA
GAS
PESO
IONE
CARBONIO
METALLI
MOLECOLA
ORGANICO
REAZIONE
TEMPERATURA
LIQUIDO
CALORE
IDROGENO
SALE
ACIDO
OSSIGENO

1 - Metingen

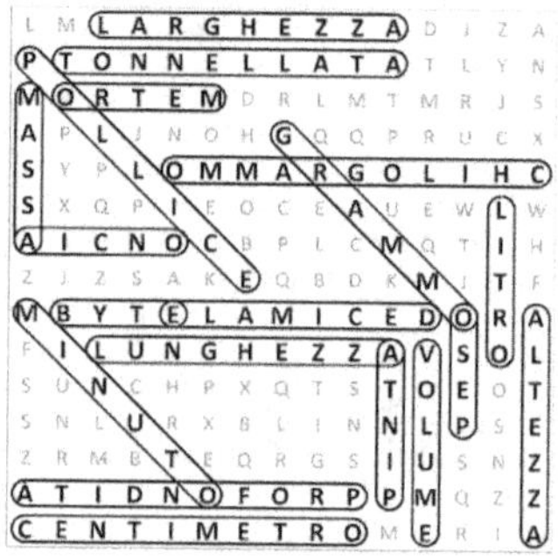

2 - Opwarming van de Aarde

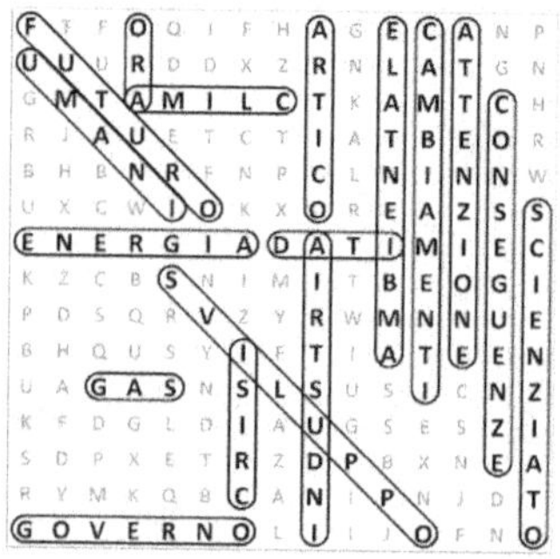

3 - Keuken

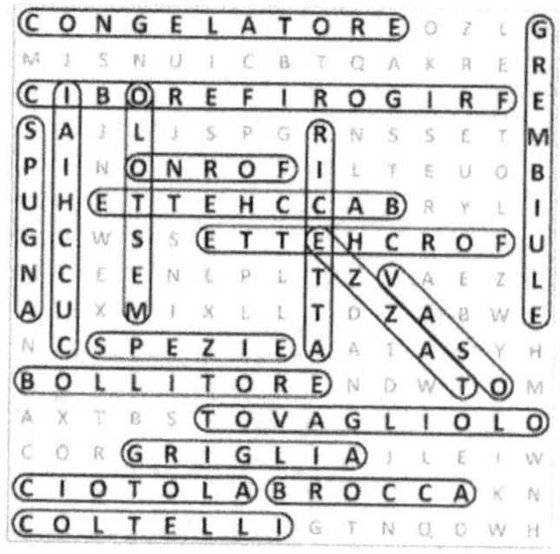

4 - Boten

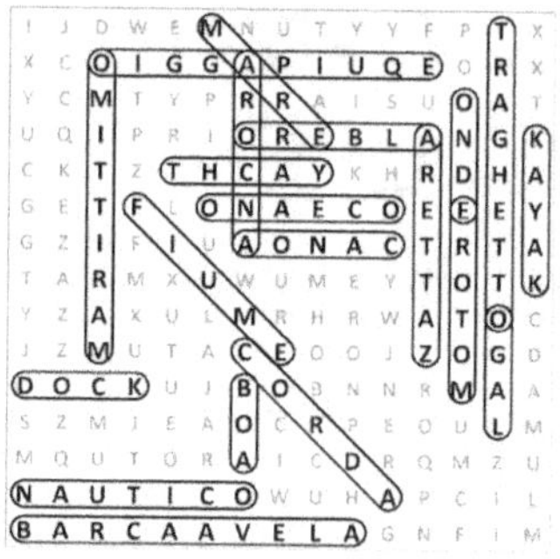

5 - Chocolade

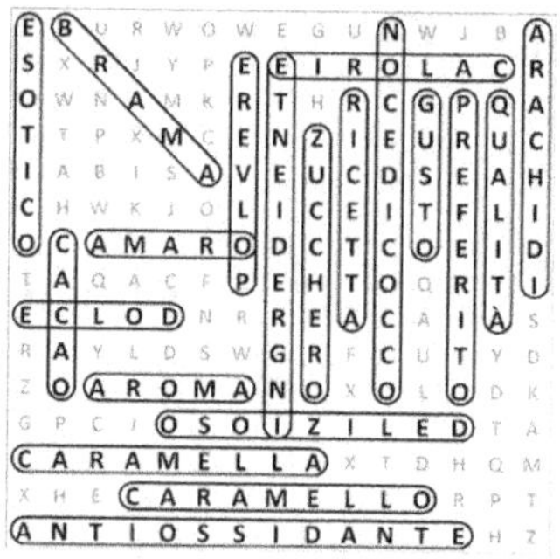

6 - Gezondheid en Welzijn #2

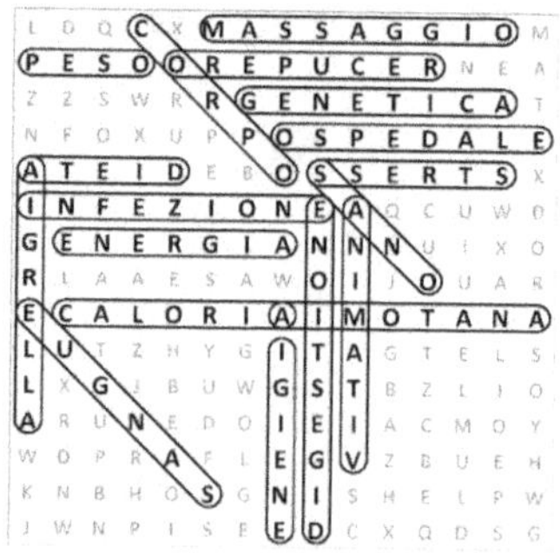

7 - Tijd

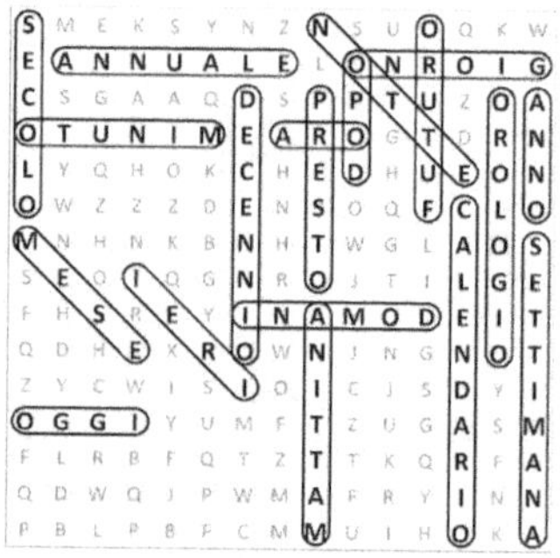

8 - Meditatie

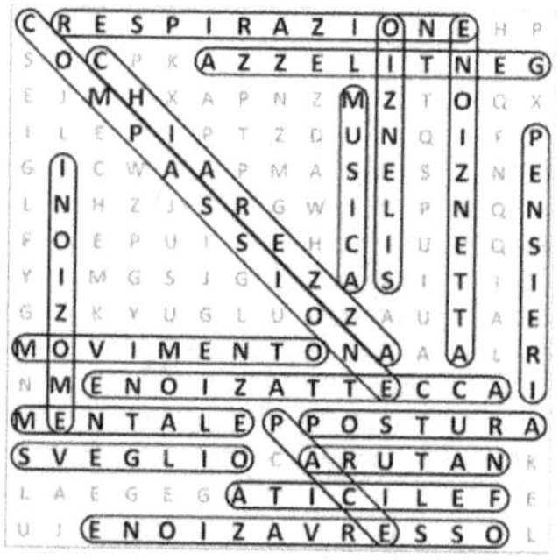

9 - Muziek

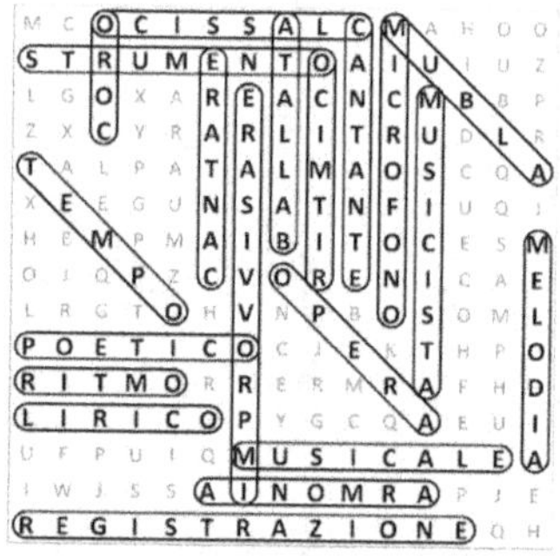

10 - Vogels

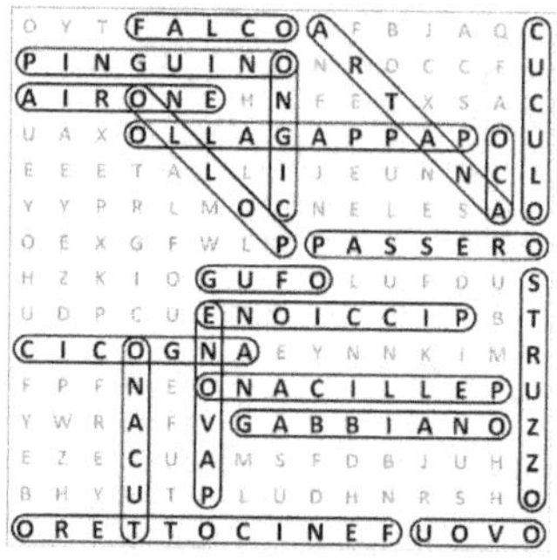

11 - Universum

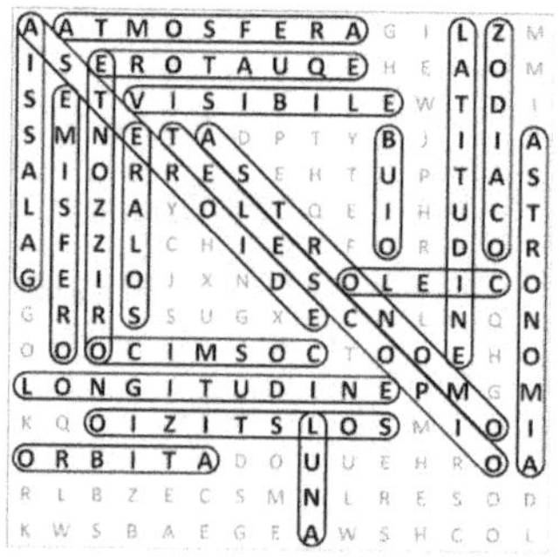

12 - Wiskunde

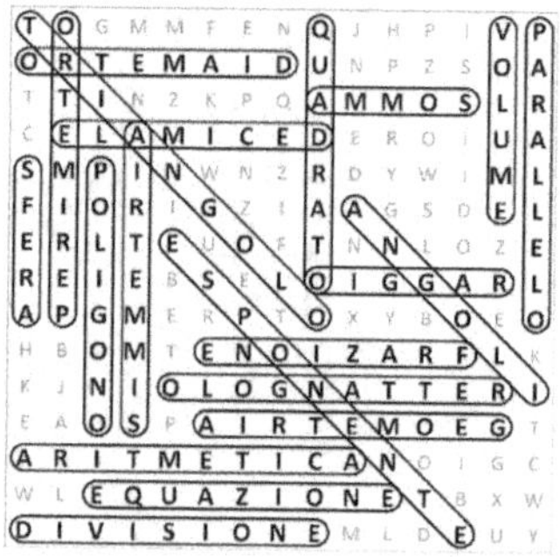

13 - Gezondheid en Welzijn #1

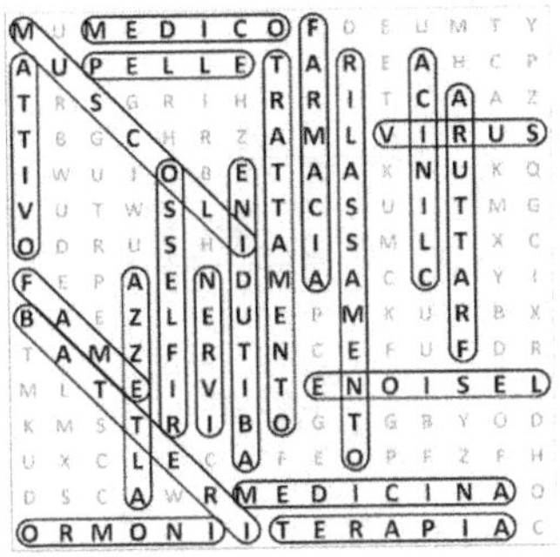

14 - Camping

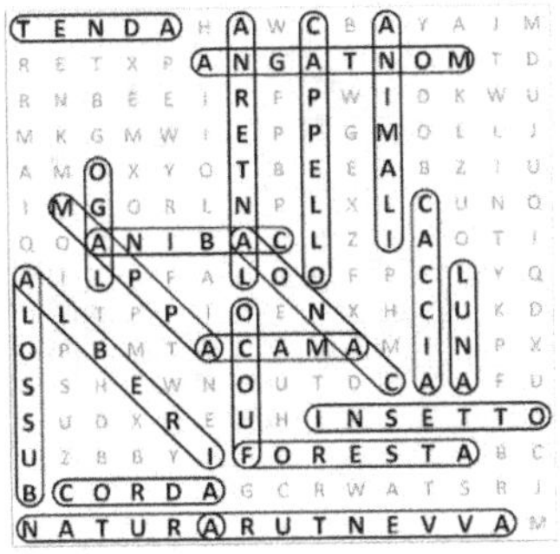

15 - Algebra

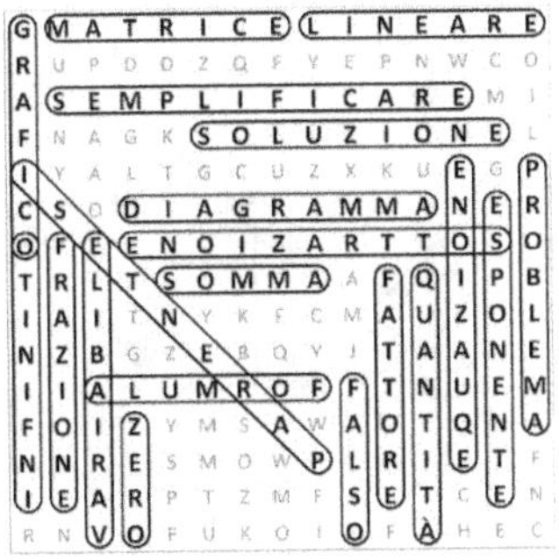

16 - Activiteiten

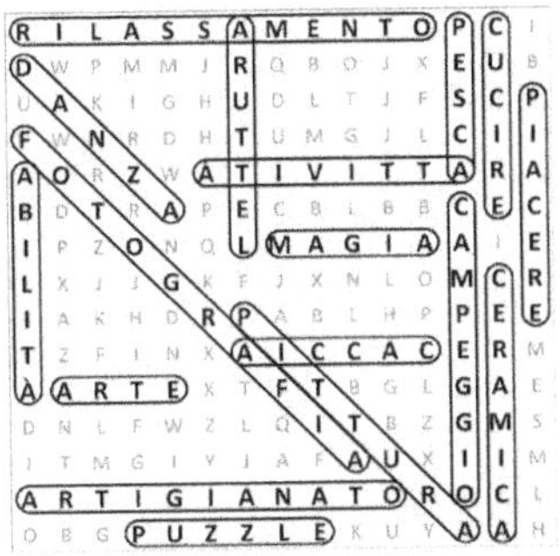

17 - Vormen

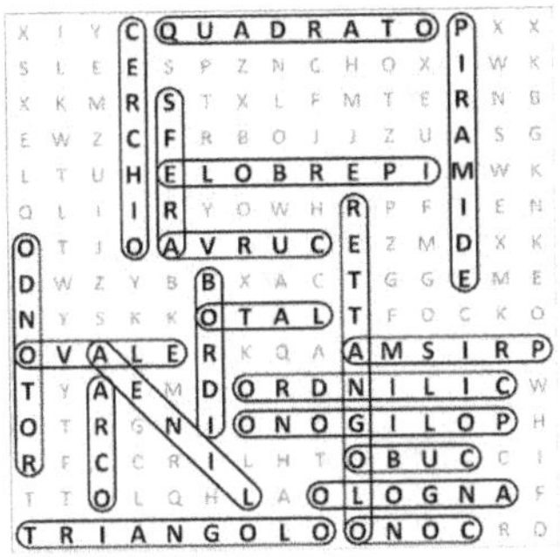

18 - Diplomatie

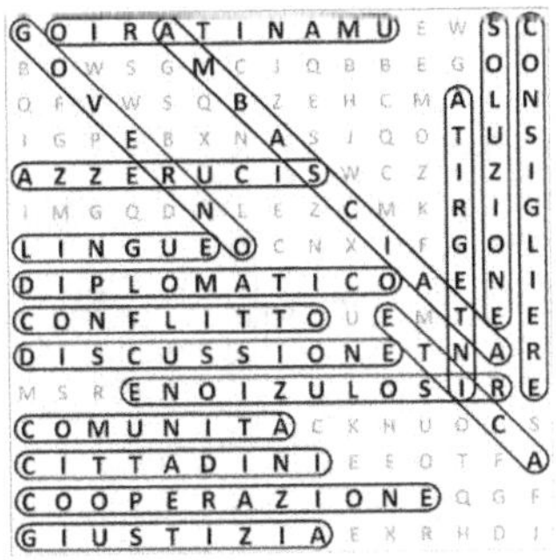

19 - Astronomie

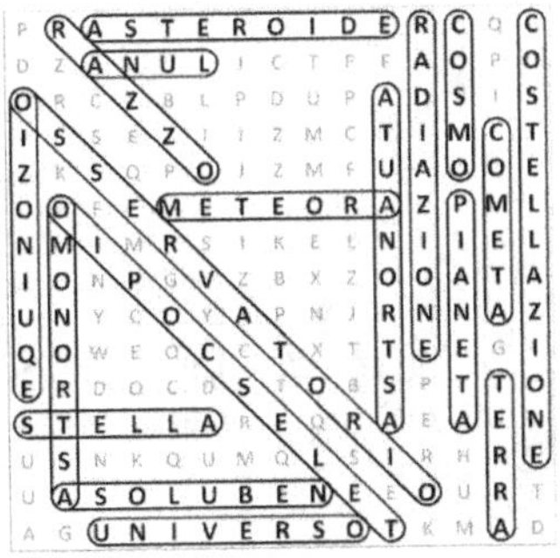

20 - Emoties

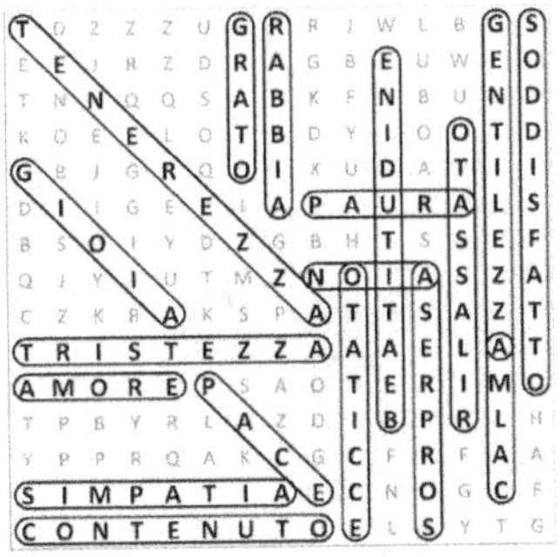

21 - Vakantie #2

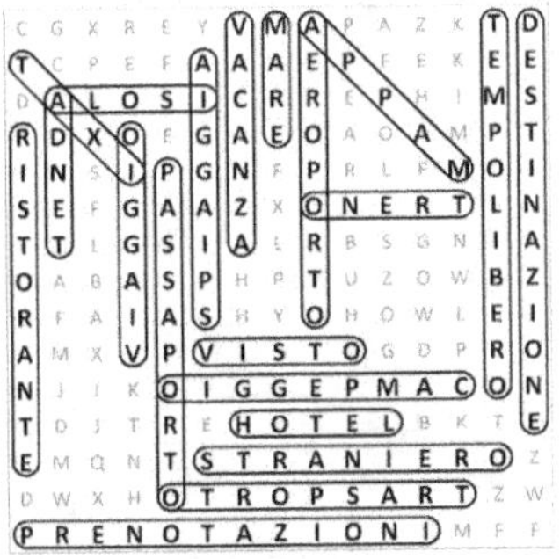

22 - Eten #2

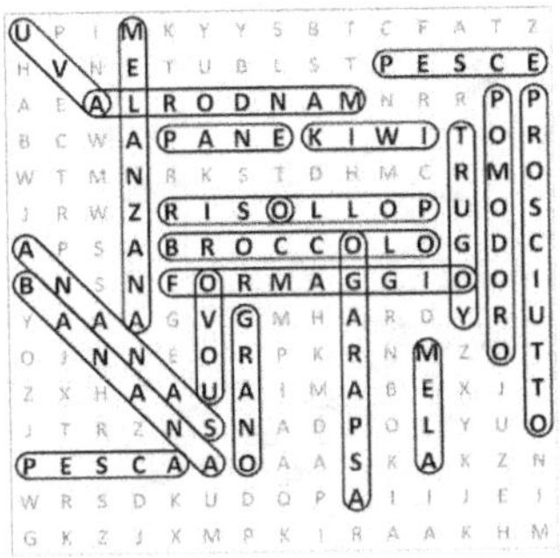

23 - Restaurant #1

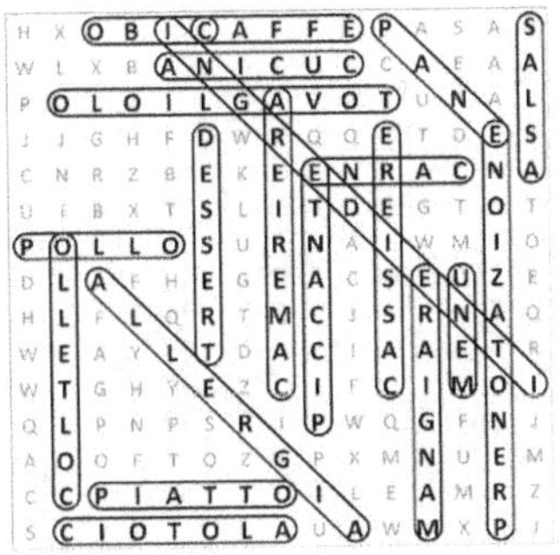

24 - Geologie

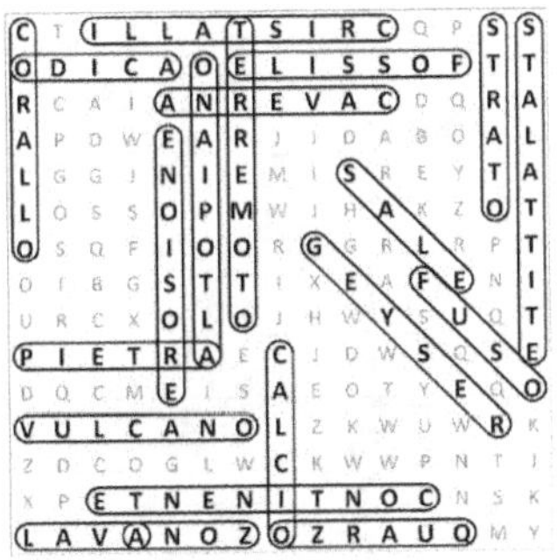

25 - Specerijen

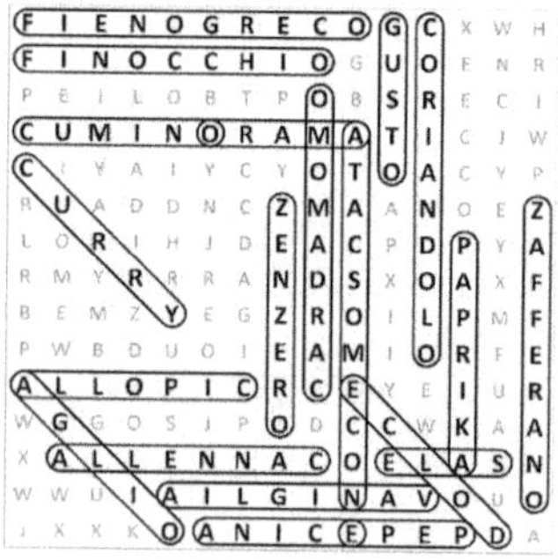

26 - Groenten

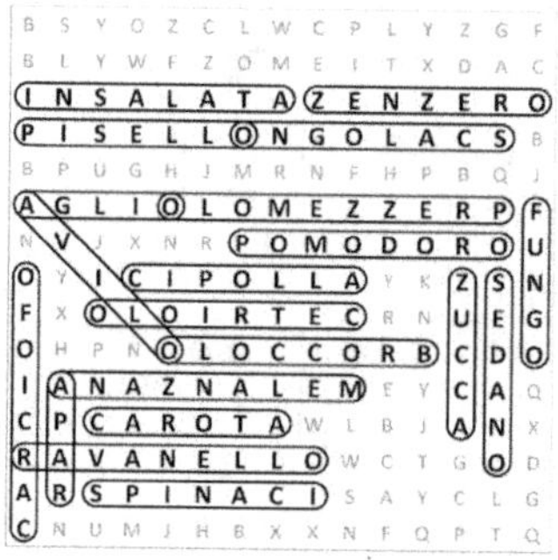

27 - Archeologie

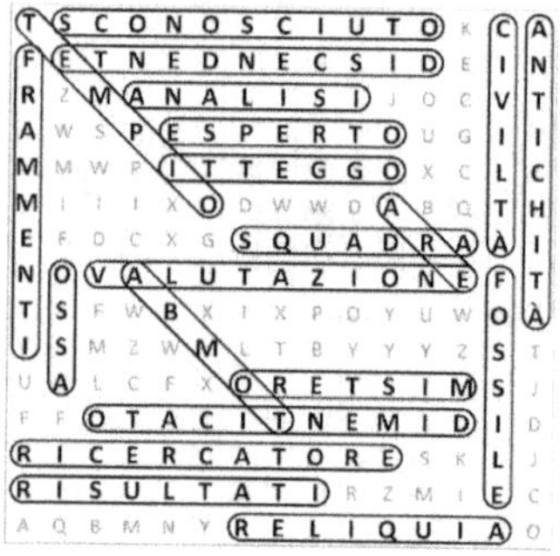

28 - Dans

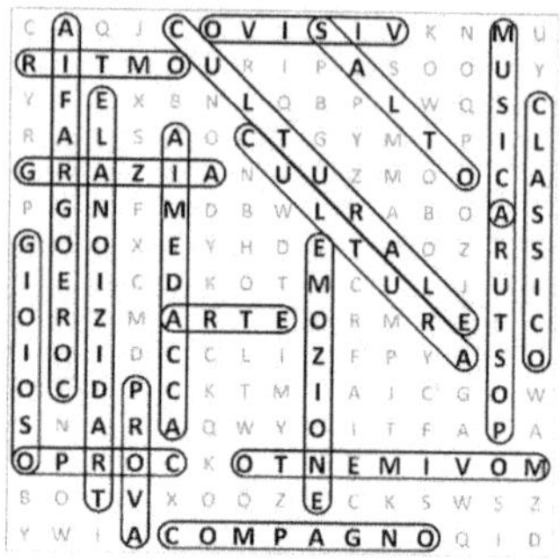

29 - Ziekte

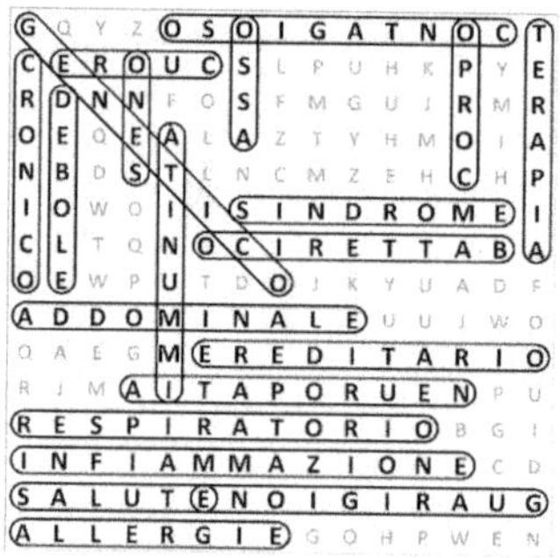

30 - Mythologie

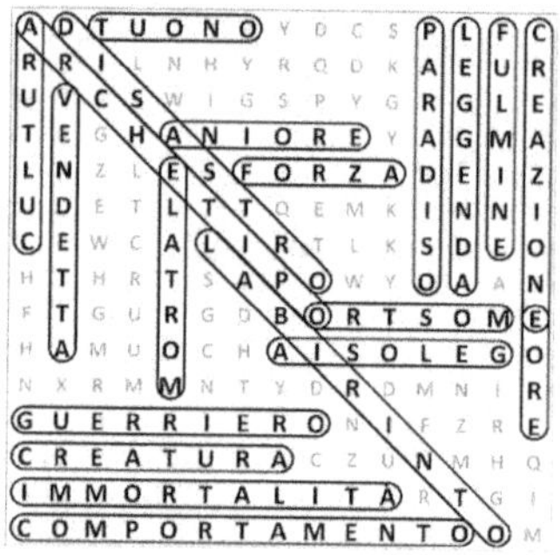

31 - Eten #1

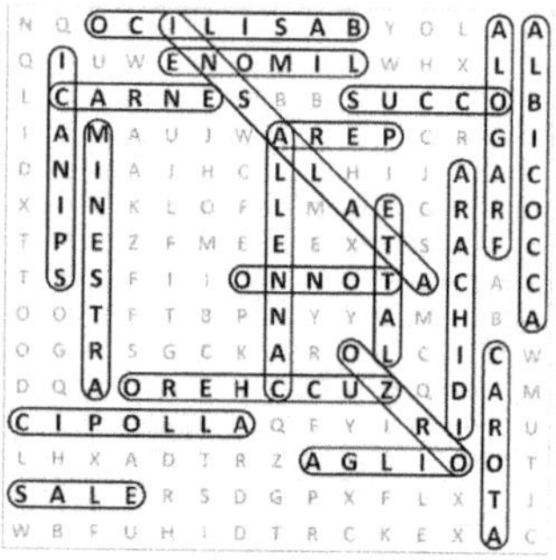

32 - Avontuur

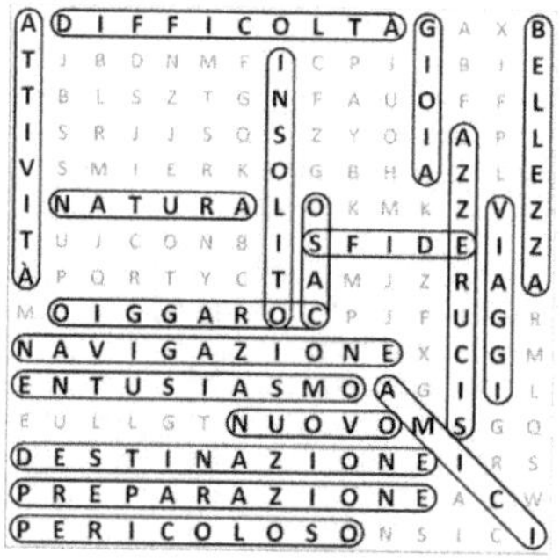

33 - Restaurant #2

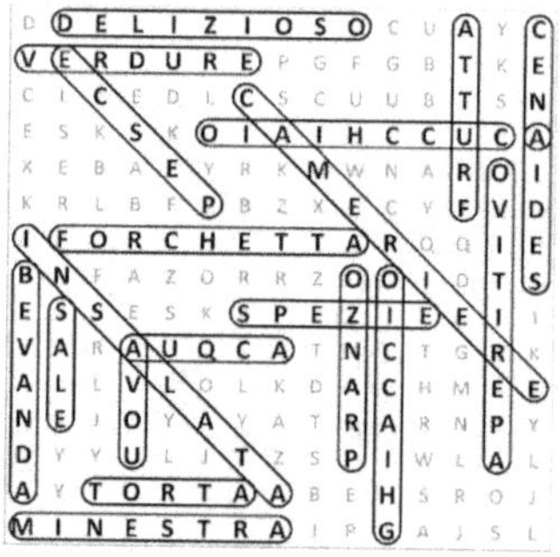

34 - De Media

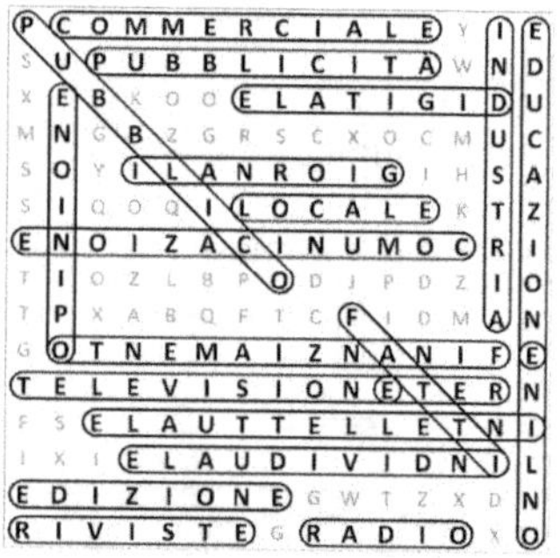

35 - Bijen

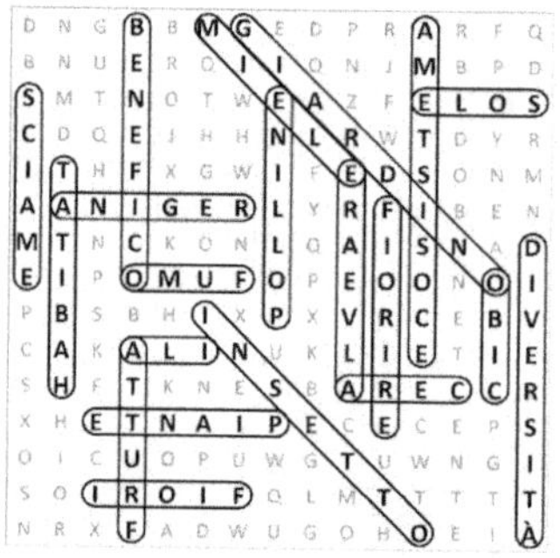

36 - Wandelen

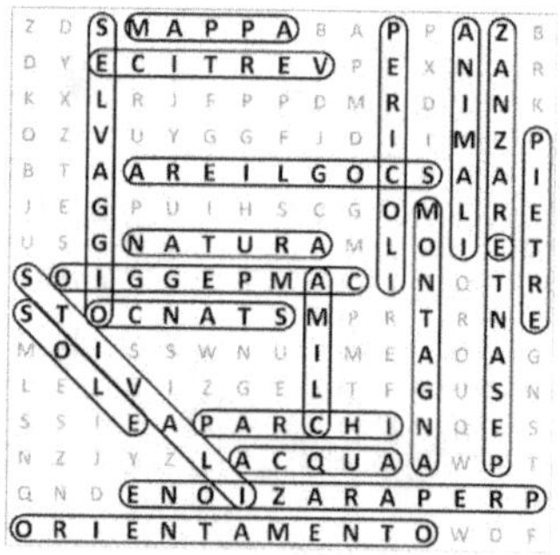

37 - Ecologie

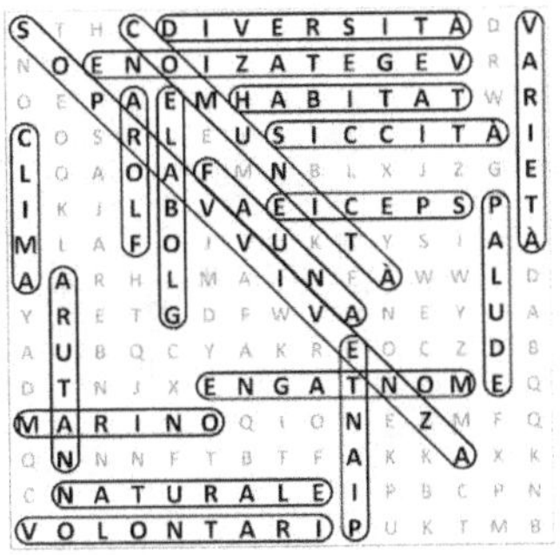

38 - Biologie

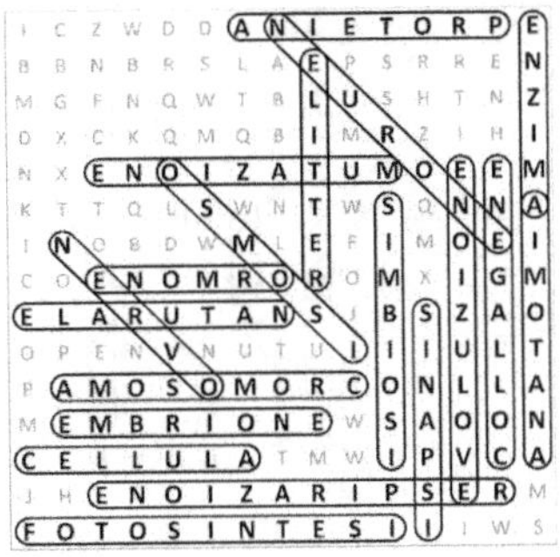

39 - Landen #1

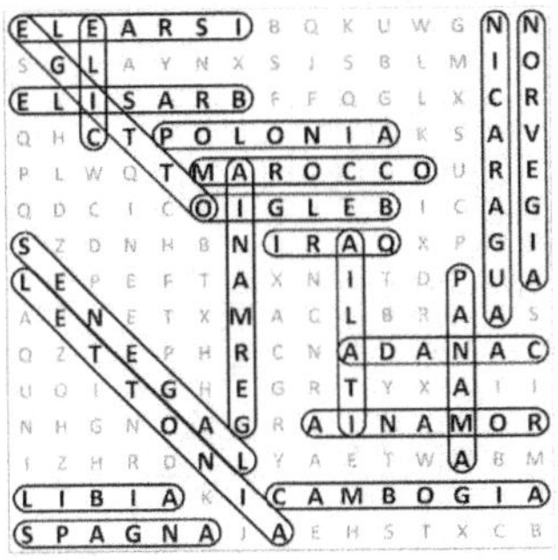

40 - Installaties

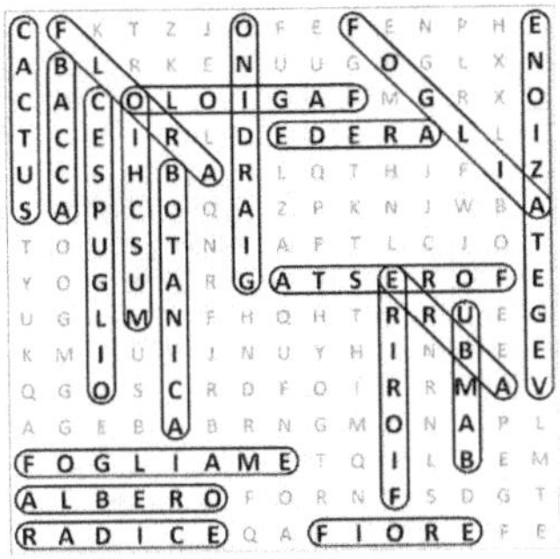

41 - Agronomie

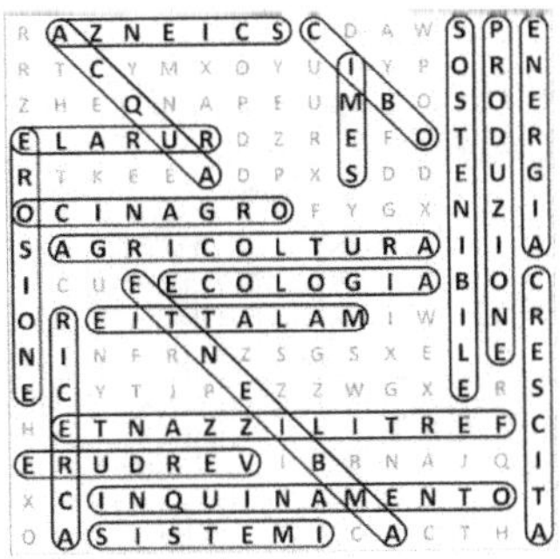

42 - Oceaan

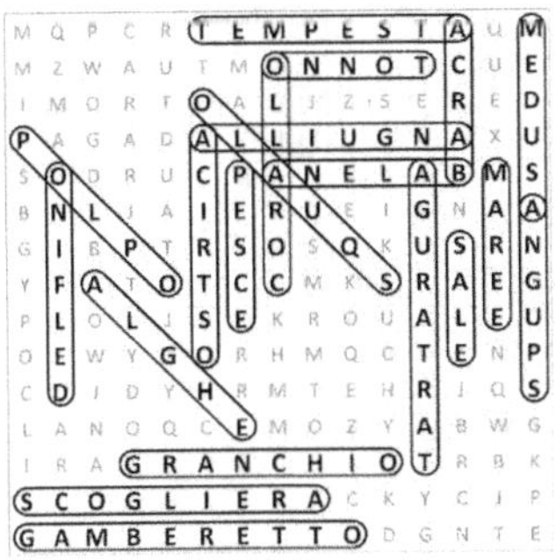

43 - Landen #2

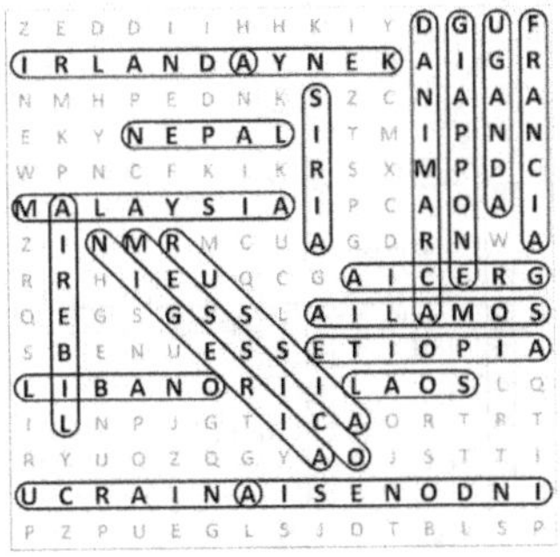

44 - Bloemen

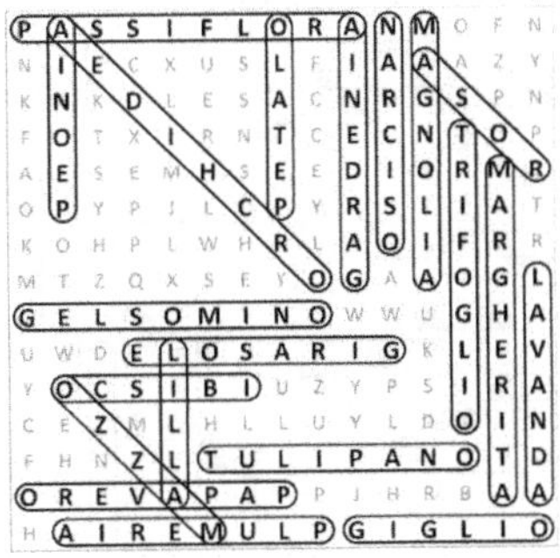

45 - Landschappen

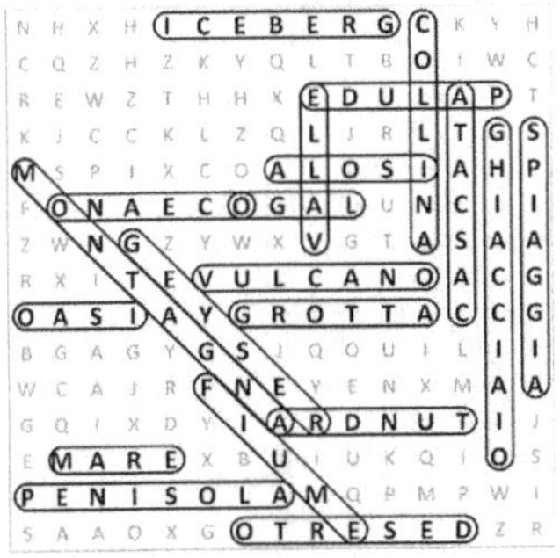

46 - Tuin

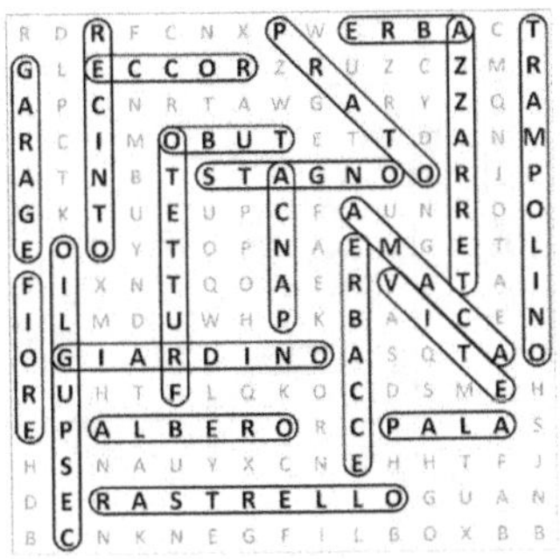

47 - Beroepen #2

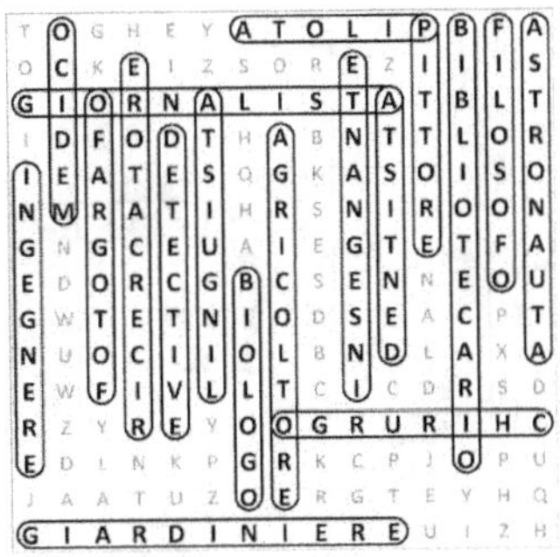

48 - Dagen en Maanden

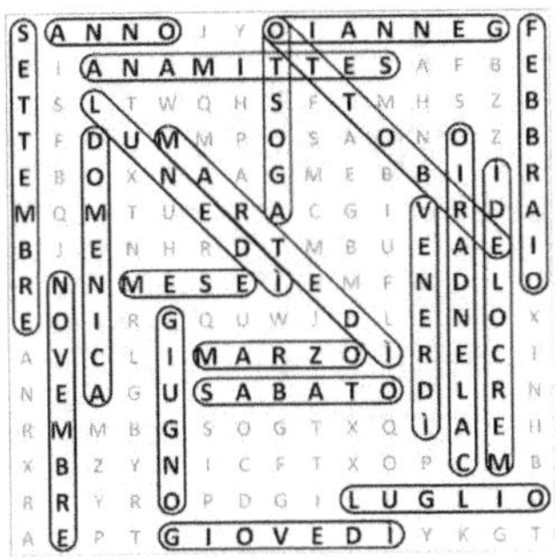

49 - Mode

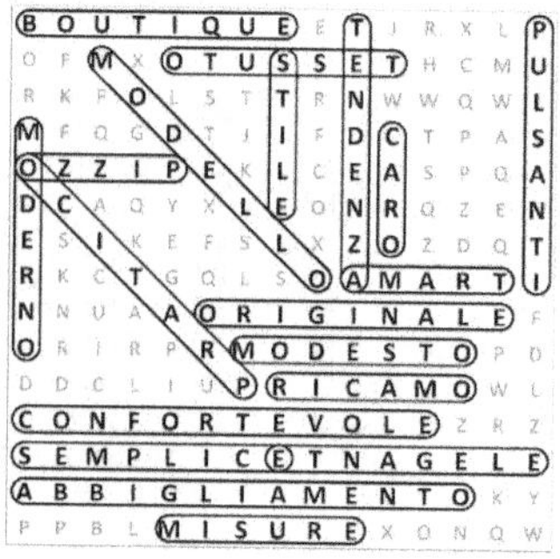

50 - Tuinieren

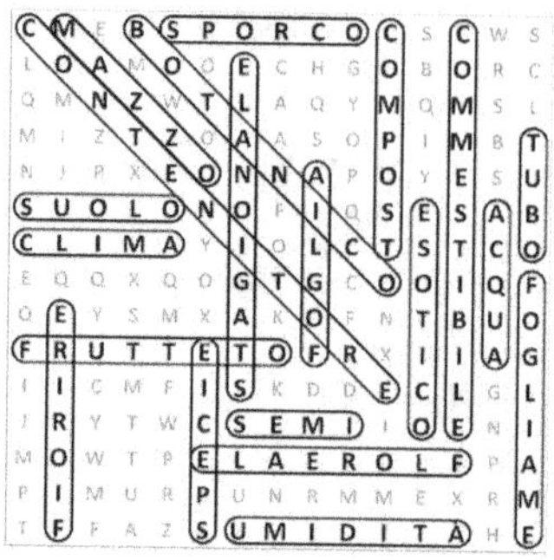

51 - Menselijk Lichaam

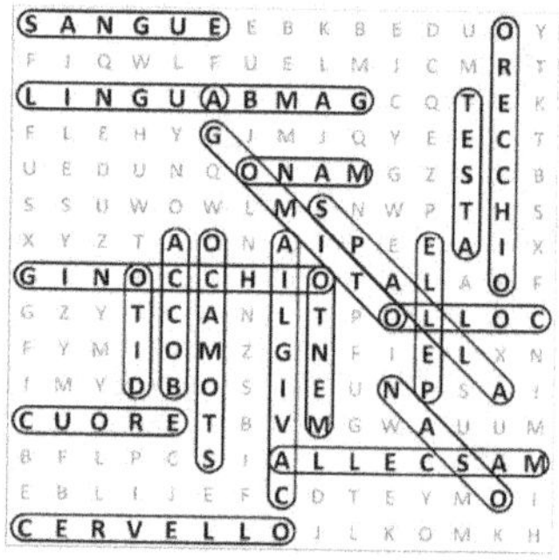

52 - Energie

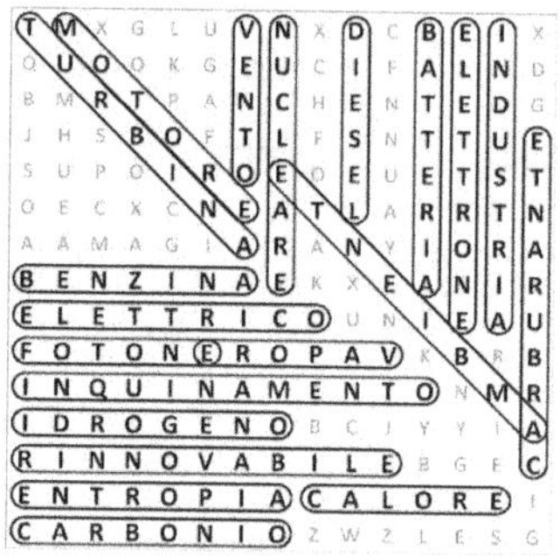

53 - Familie

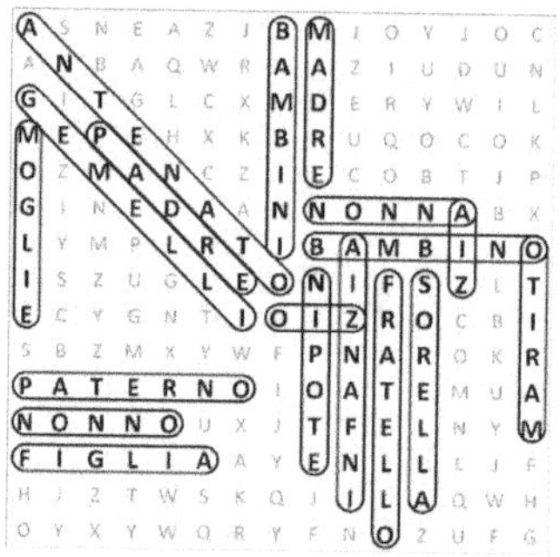

54 - Gebouwen

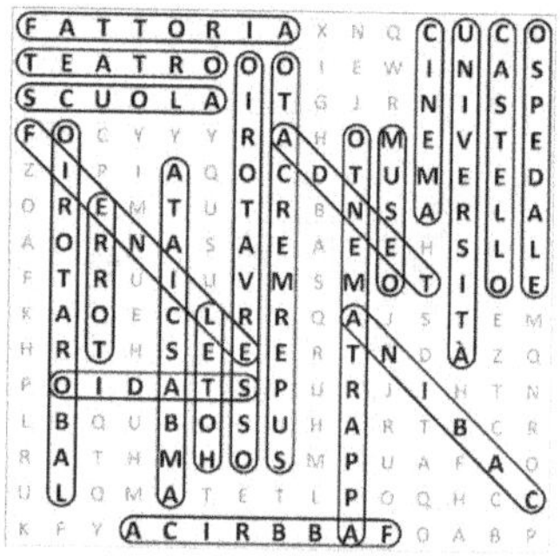

55 - Kunst

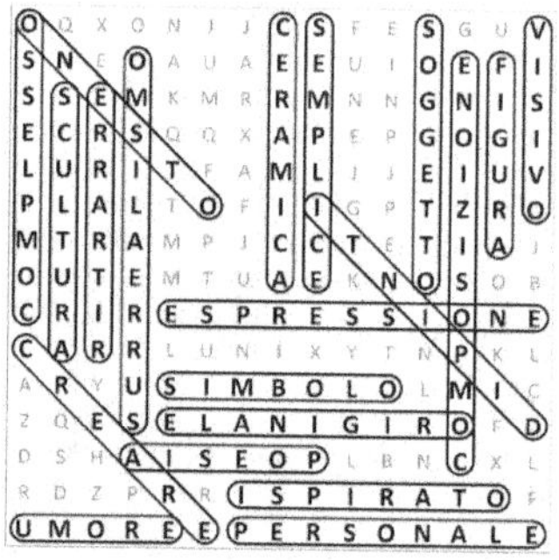

56 - Beroepen #1

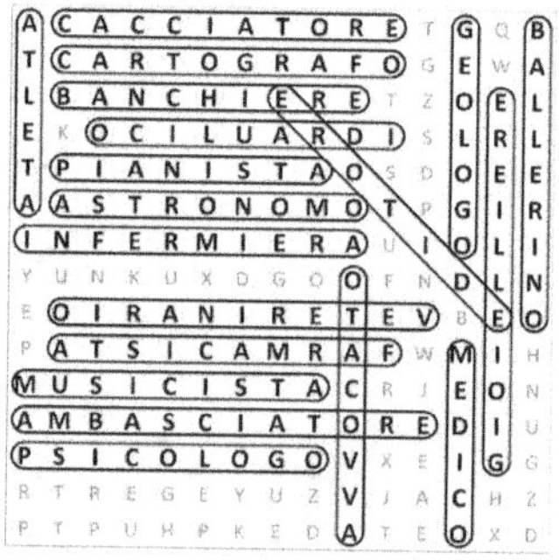

57 - Antarctica

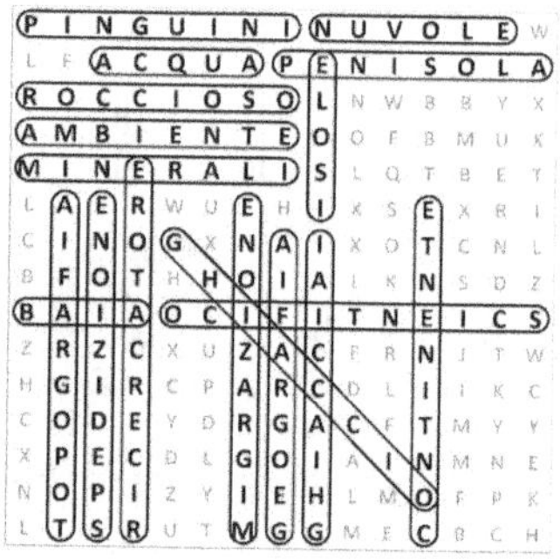

58 - Ballet

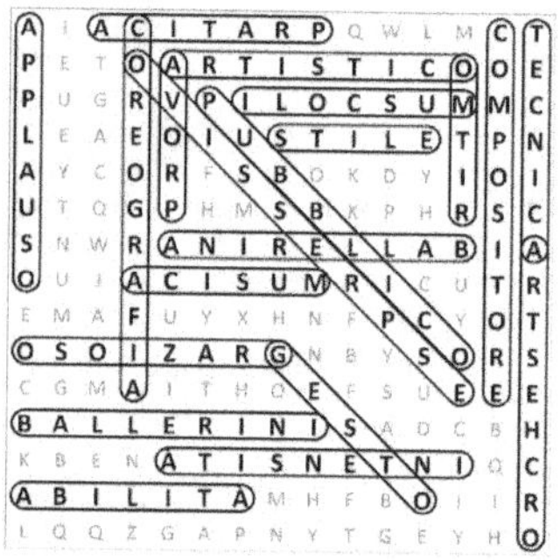

59 - Fruit

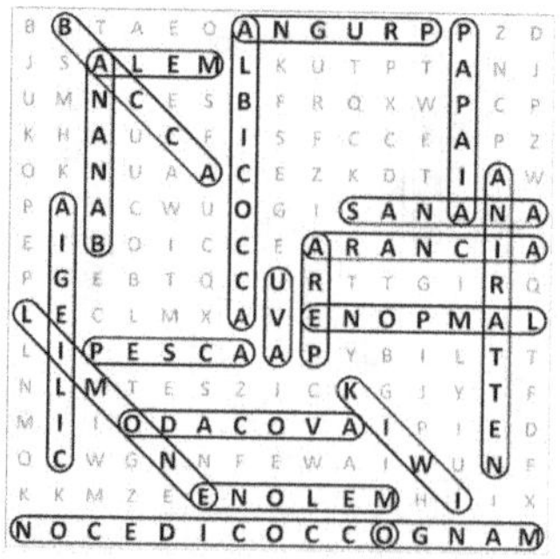

60 - Engineering

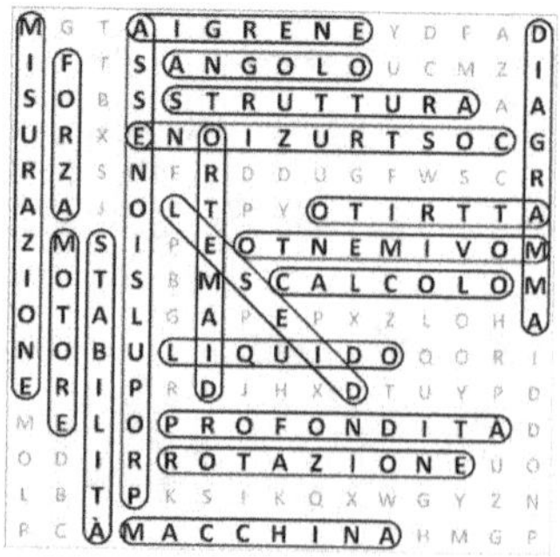

61 - Literatuur

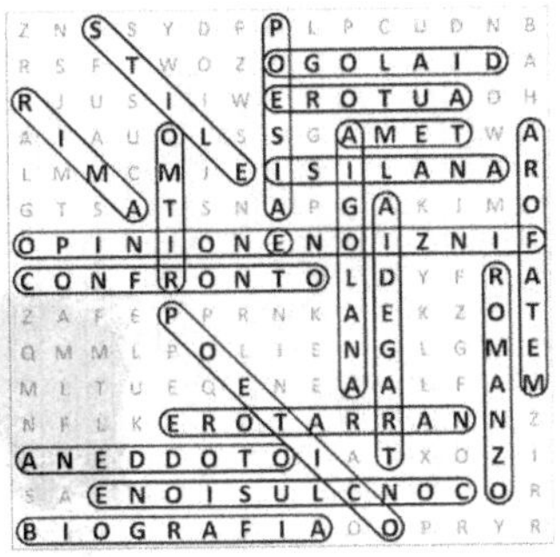

62 - Boeken

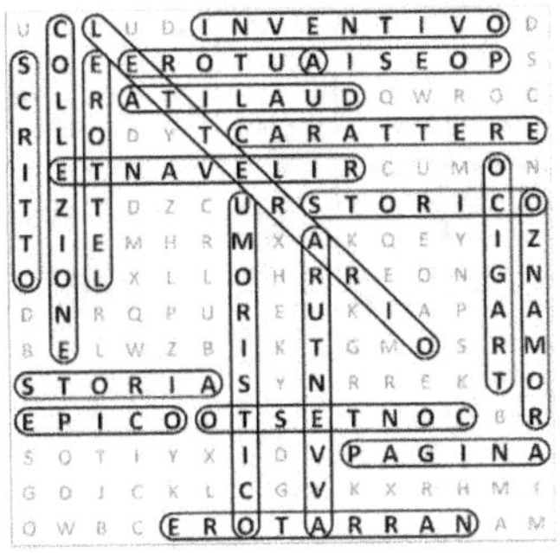

63 - Meer Informatie

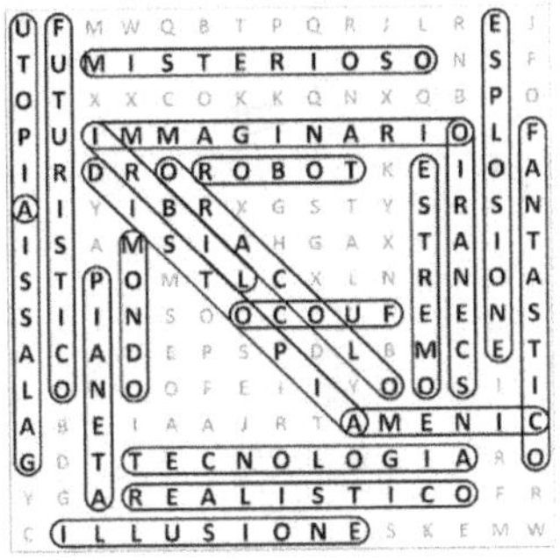

64 - Regenwoud

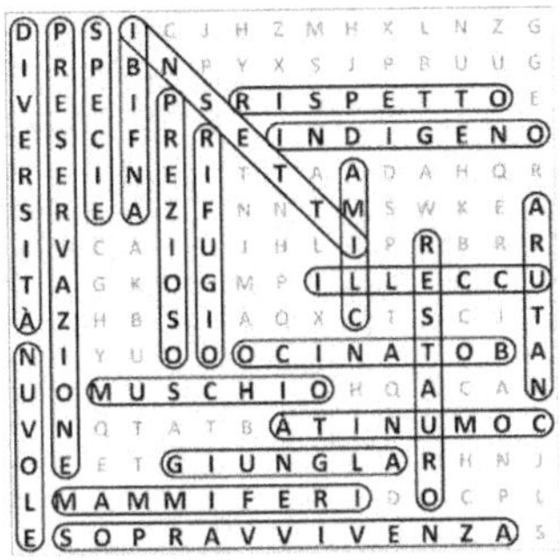

65 - Haartypes

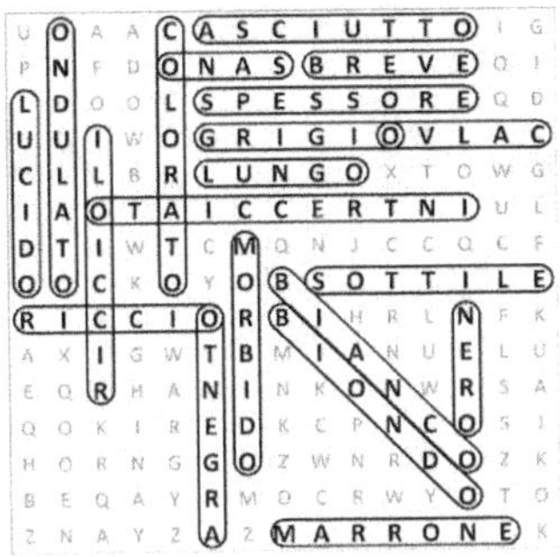

66 - Stad

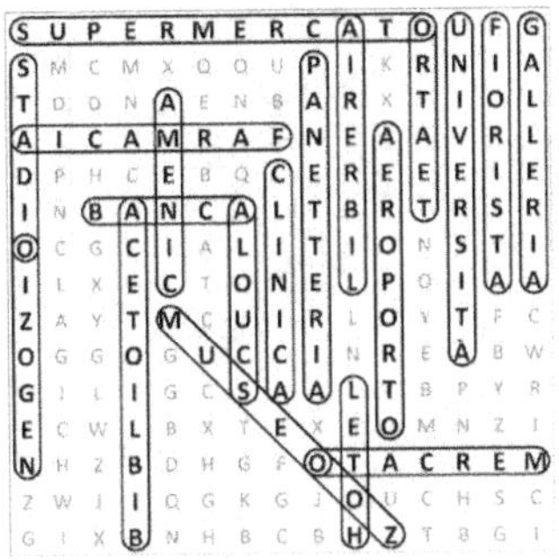

67 - Creativiteit

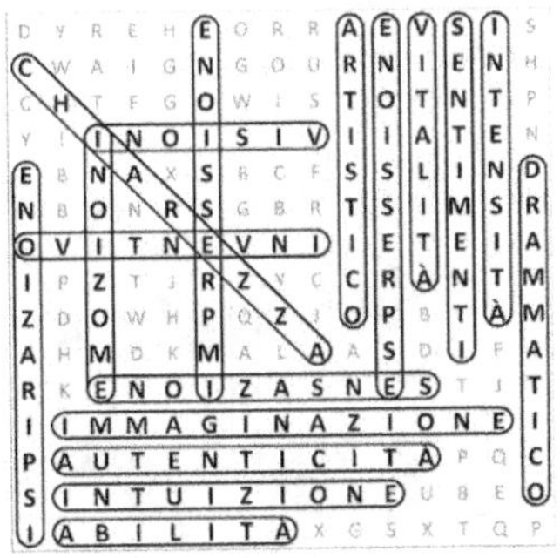

68 - Natuur

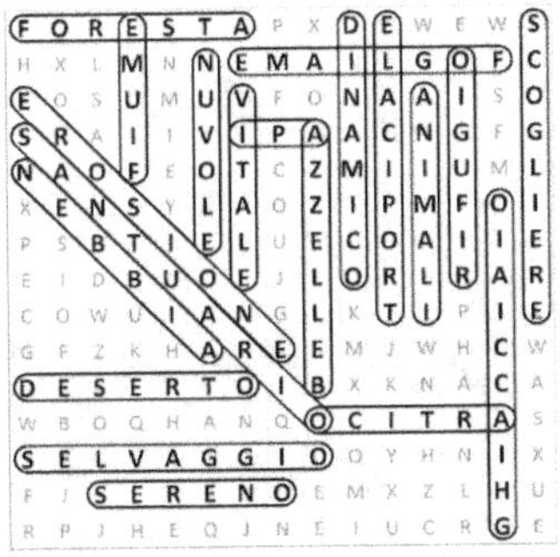

69 - Zoogdieren

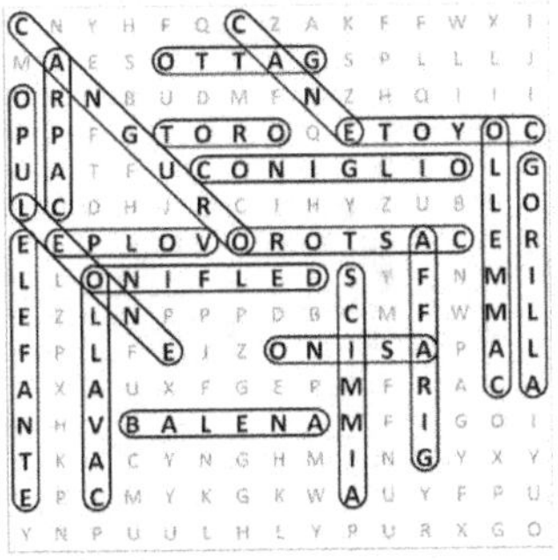

70 - Overheid

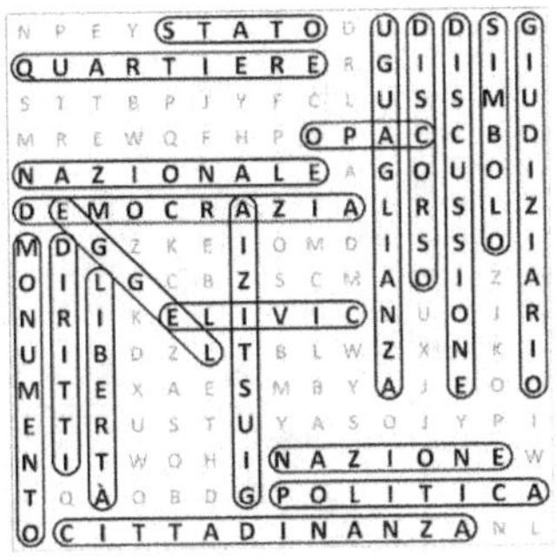

71 - Voertuigen

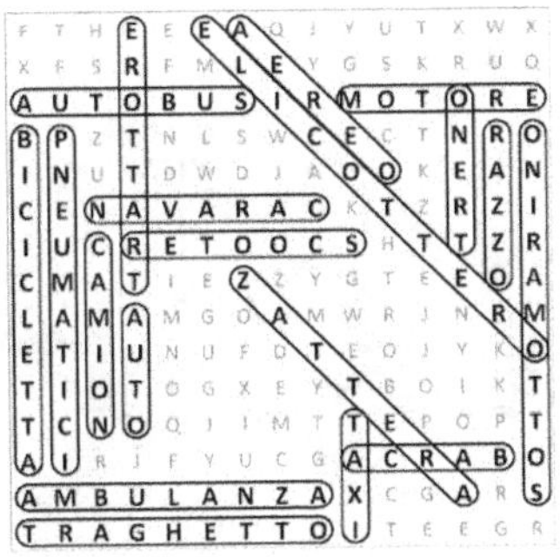

72 - Geografie

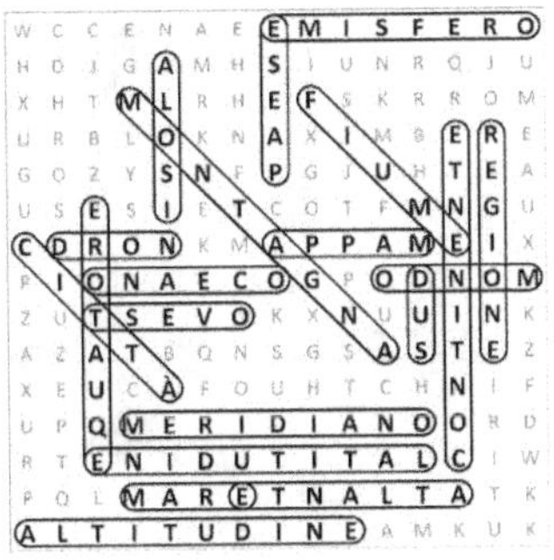

73 - Kunstbenodigdhe

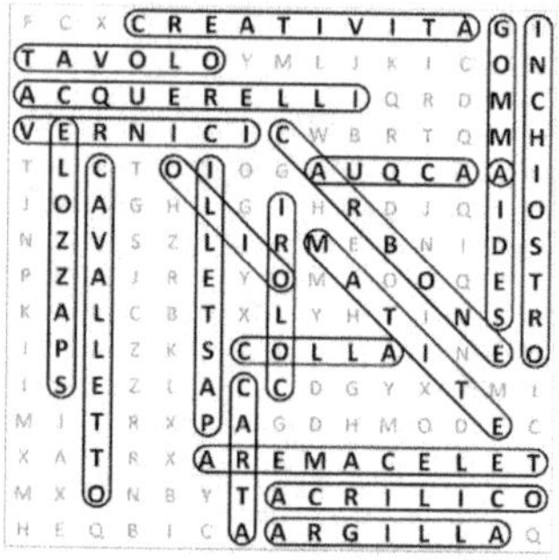

74 - Barbecues

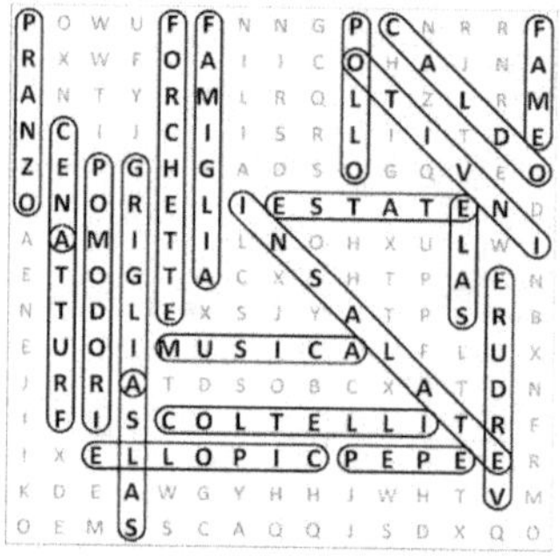

75 - Schoonheid

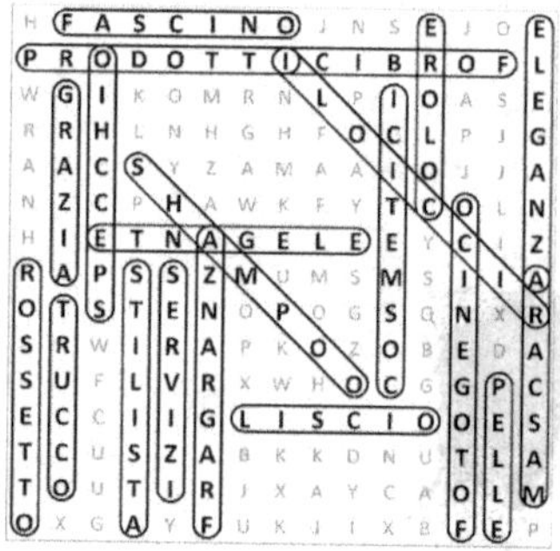

76 - Wetenschappelijk

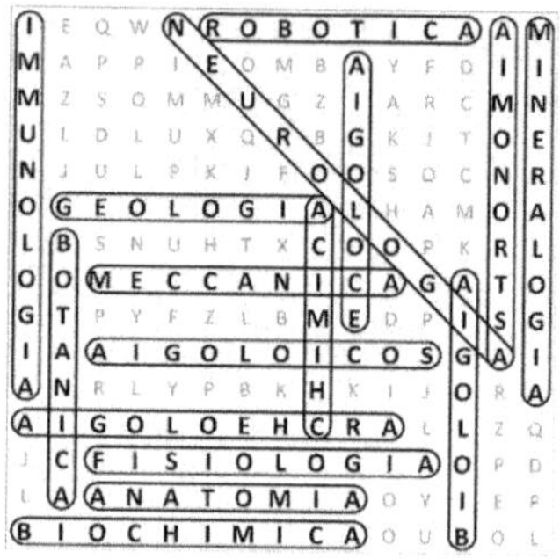

77 - Bijvoeglijke Naamwoorden

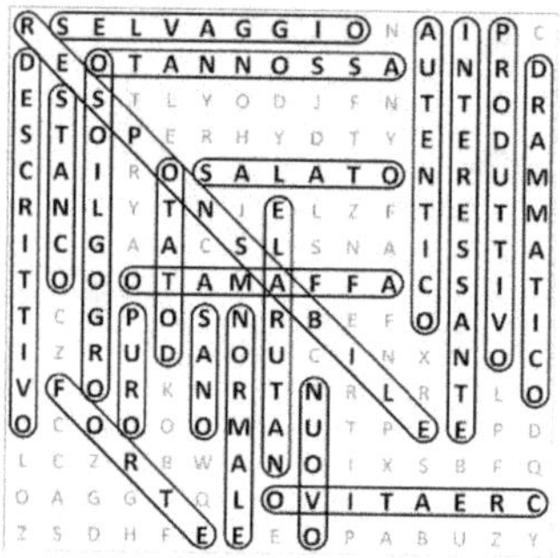

78 - Kleding

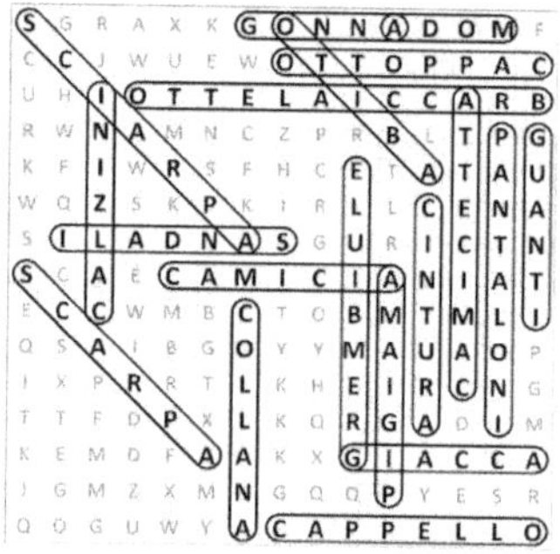

79 - Vliegtuigen

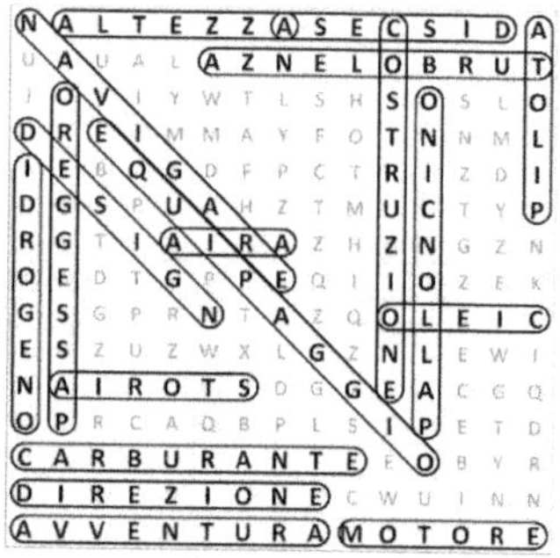

80 - Herbalisme

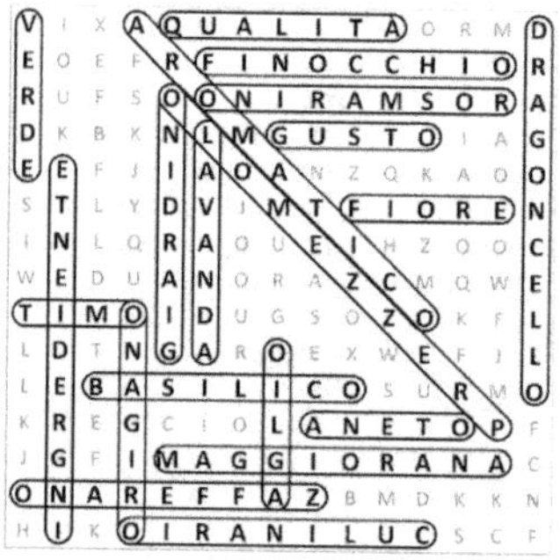

81 - Kracht en Zwaartekracht

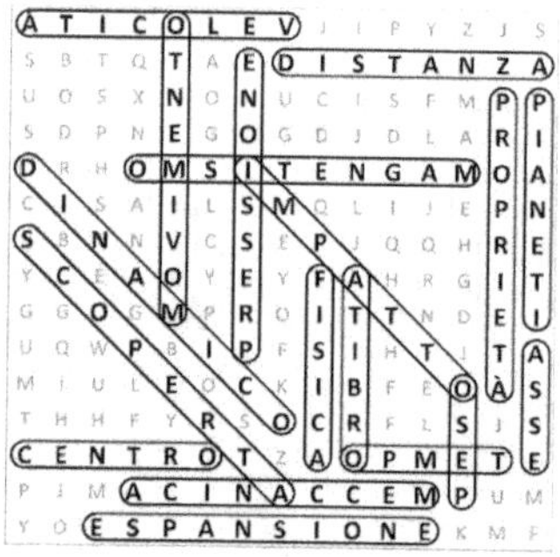

82 - Het Bedrijf

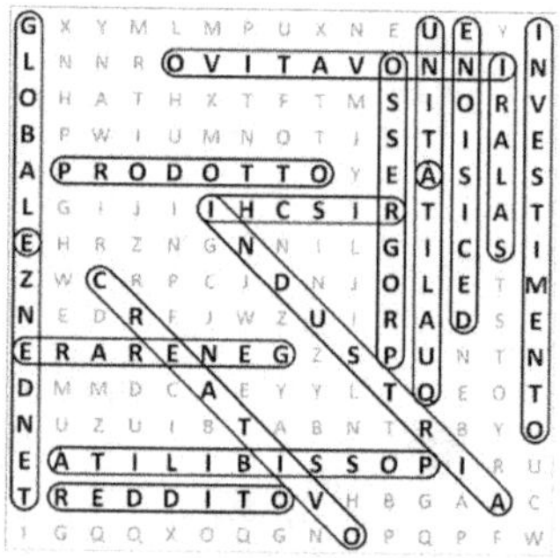

83 - Rijden

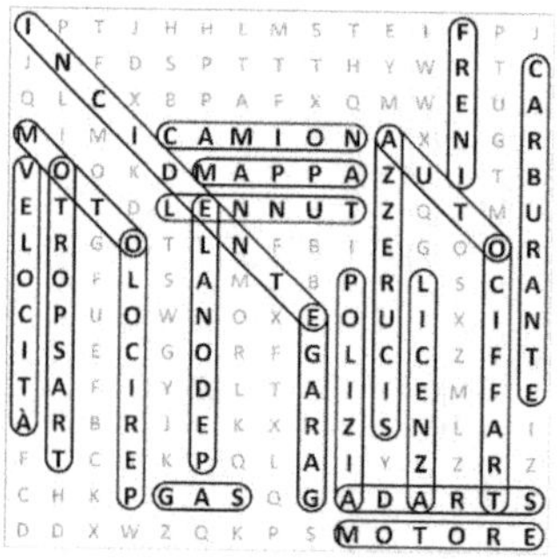

84 - Wetenschap

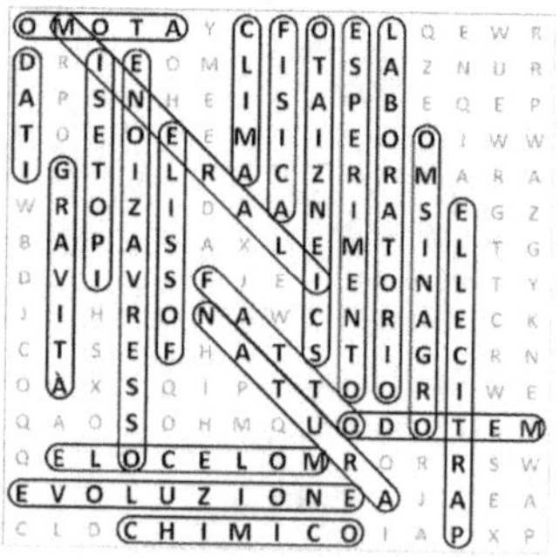

85 - Natuurkunde

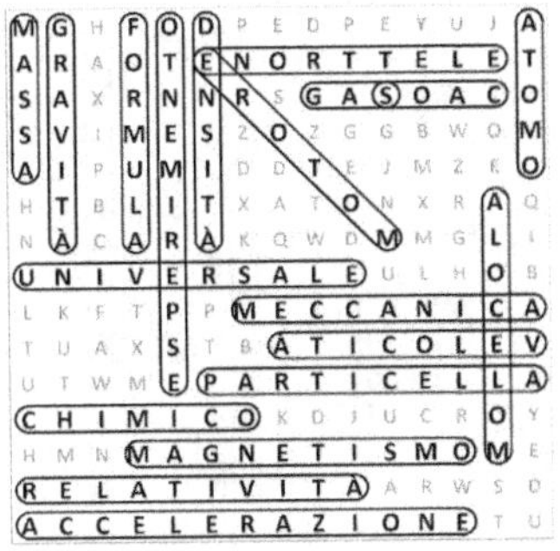

86 - Muziekinstrument

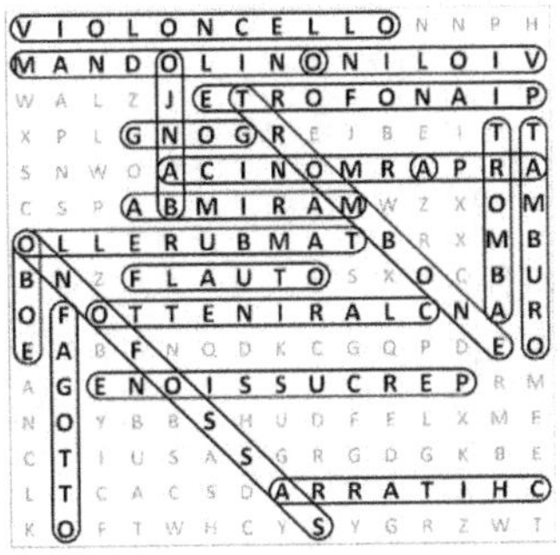

87 - Antiek

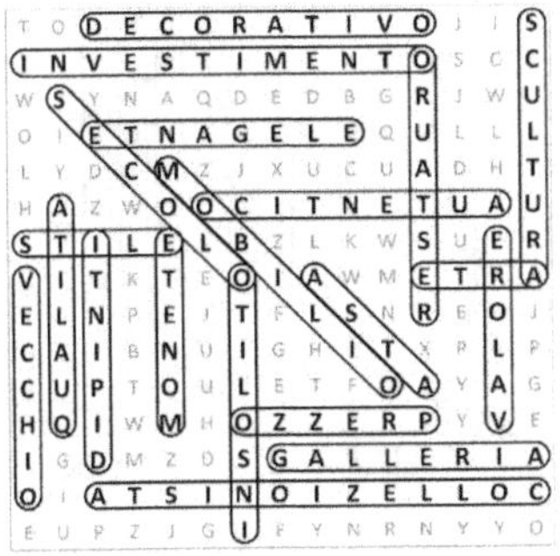

88 - Koffie

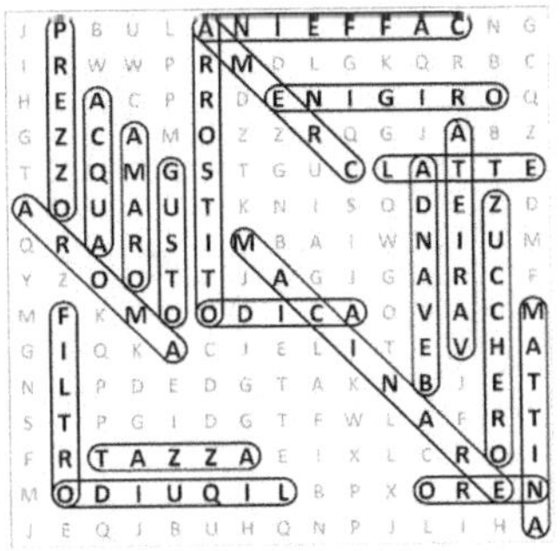

89 - Schaken

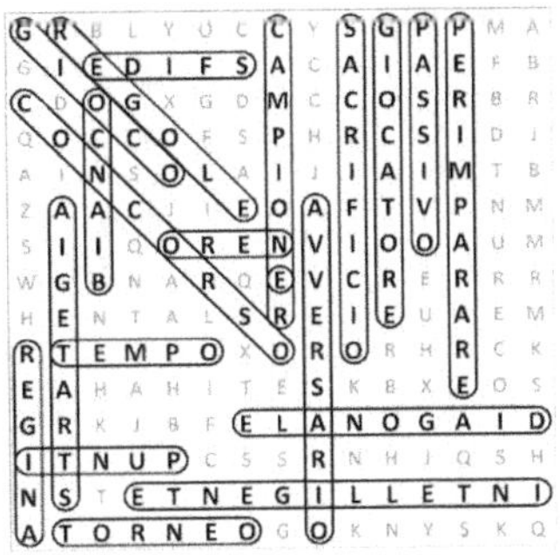

90 - Boerderij #1

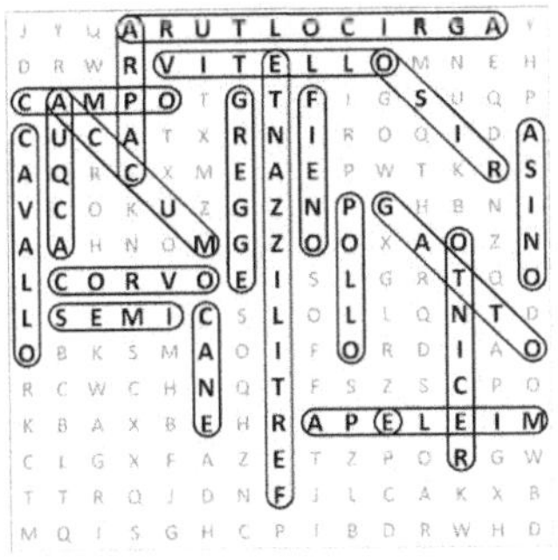

91 - Huis

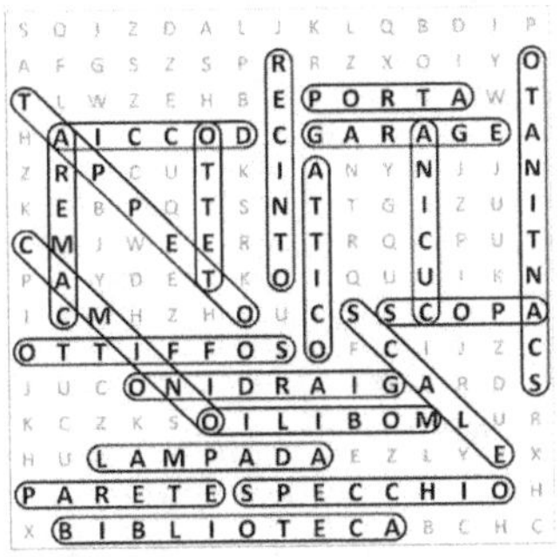

92 - Geometrie

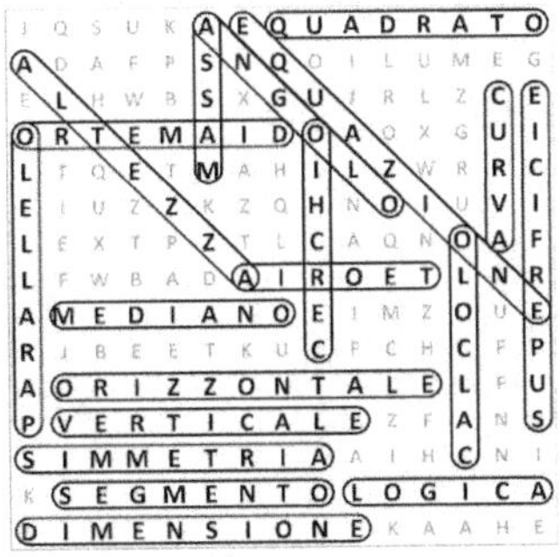

93 - Jazz

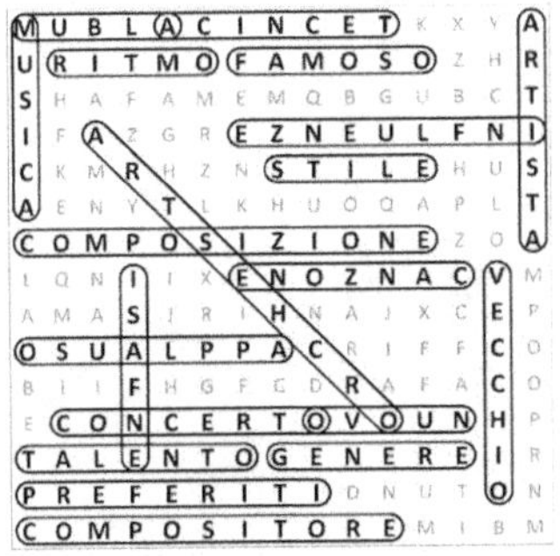

94 - Getallen

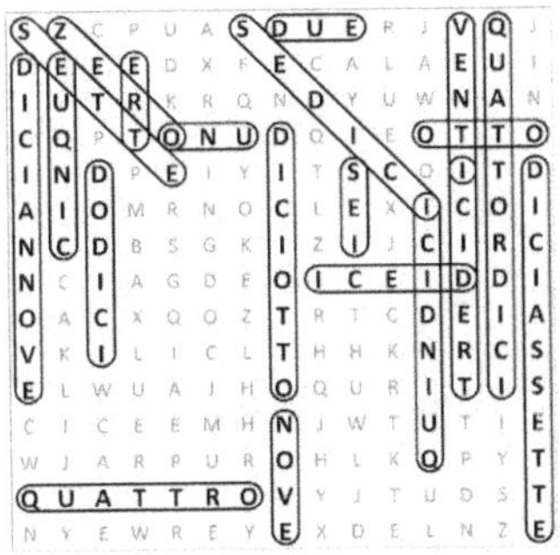

95 - Boerderij #2

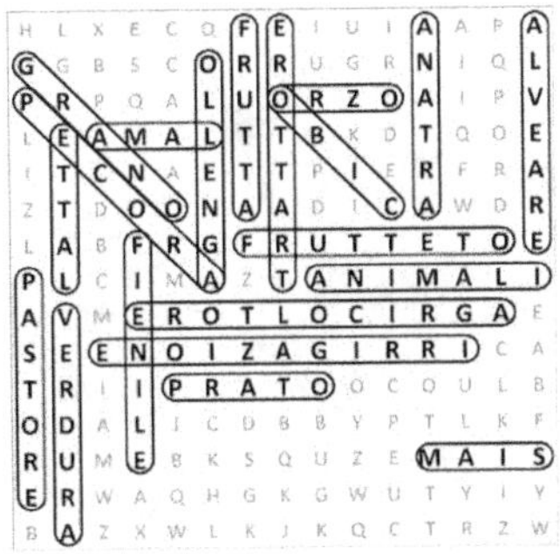

96 - Psychologie

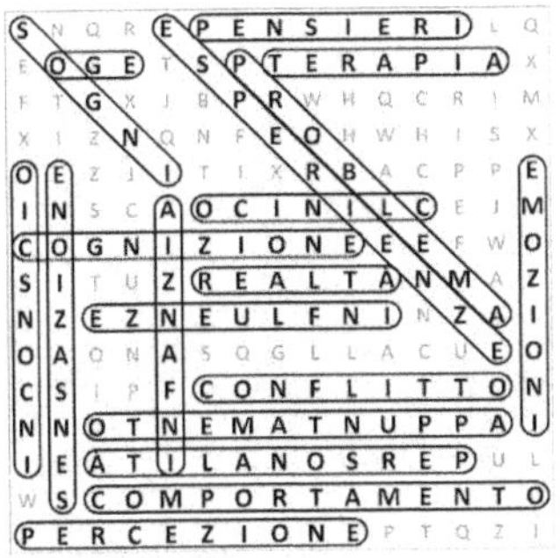

97 - Zakelijk

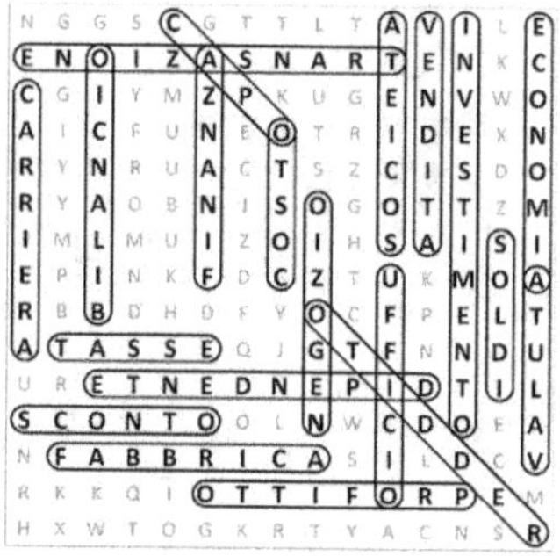

98 - Voeding

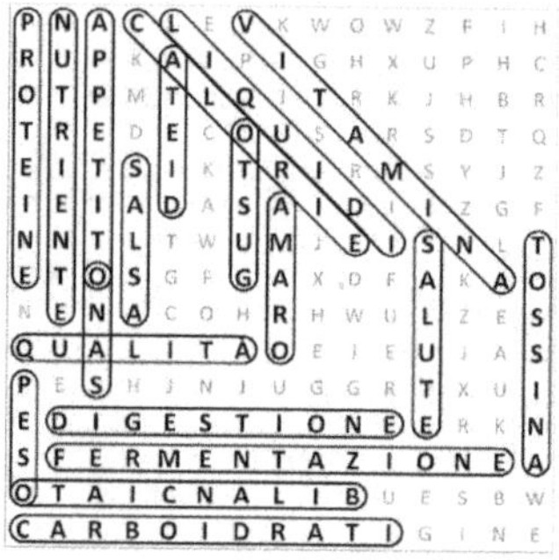

99 - Chemie

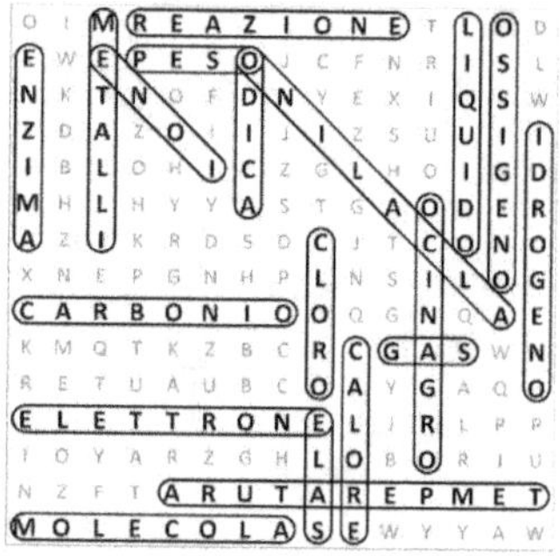

Woordenboek

Activiteiten
Attività

Activiteit	Attività
Ambachten	Artigianato
Dansen	Danza
Fotografie	Fotografia
Hengelsport	Pesca
Jacht	Caccia
Kamperen	Campeggio
Keramiek	Ceramica
Kunst	Arte
Lezen	Lettura
Magie	Magia
Naaien	Cucire
Ontspanning	Rilassamento
Plezier	Piacere
Puzzels	Puzzle
Schilderij	Pittura
Tuinieren	Giardinaggio
Vaardigheid	Abilità
Vrije Tijd	Tempo Libero
Wandelen	Escursioni

Agronomie
Agronomia

Duurzaam	Sostenibile
Ecologie	Ecologia
Energie	Energia
Erosie	Erosione
Groei	Crescita
Groente	Verdure
Landbouw	Agricoltura
Landelijk	Rurale
Mest	Fertilizzante
Omgeving	Ambiente
Onderzoek	Ricerca
Organisch	Organico
Productie	Produzione
Systemen	Sistemi
Vervuiling	Inquinamento
Voedsel	Cibo
Water	Acqua
Wetenschap	Scienza
Zaden	Semi
Ziekten	Malattie

Algebra
Algebra

Aftrekken	Sottrazione
Diagram	Diagramma
Exponent	Esponente
Factor	Fattore
Formule	Formula
Fractie	Frazione
Grafiek	Grafico
Haakje	Parentesi
Hoeveelheid	Quantità
Lineair	Lineare
Matrix	Matrice
Nul	Zero
Oneindig	Infinito
Oplossing	Soluzione
Probleem	Problema
Som	Somma
Vals	Falso
Variabele	Variabile
Vereenvoudigen	Semplificare
Vergelijking	Equazione

Antarctica
Antartide

Baai	Baia
Behoud	Conservazione
Continent	Continente
Eilanden	Isole
Expeditie	Spedizione
Geografie	Geografia
Gletsjers	Ghiacciai
Ijs	Ghiaccio
Migratie	Migrazione
Mineralen	Minerali
Omgeving	Ambiente
Onderzoeker	Ricercatore
Pinguïn	Pinguini
Rotsachtig	Roccioso
Schiereiland	Penisola
Temperatuur	Temperatura
Topografie	Topografia
Water	Acqua
Wetenschappelijk	Scientifico
Wolken	Nuvole

Antiek
Antiquariato

Authentiek	Autentico
Beeldhouwwerk	Scultura
Decoratief	Decorativo
Eeuw	Secolo
Elegant	Elegante
Galerij	Galleria
Investering	Investimento
Kunst	Arte
Kwaliteit	Qualità
Meubilair	Mobilio
Munten	Monete
Ongewoon	Insolito
Oud	Vecchio
Prijs	Prezzo
Restauratie	Restauro
Schilderijen	Dipinti
Stijl	Stile
Veiling	Asta
Verzamelaar	Collezionista
Waarde	Valore

Archeologie
Archeologia

Analyse	Analisi
Beschaving	Civiltà
Bevindingen	Risultati
Botten	Ossa
Deskundige	Esperto
Evaluatie	Valutazione
Fossiel	Fossile
Fragmenten	Frammenti
Graf	Tomba
Mysterie	Mistero
Nakomeling	Discendente
Objecten	Oggetti
Onbekend	Sconosciuto
Onderzoeker	Ricercatore
Oudheid	Antichità
Relikwie	Reliquia
Team	Squadra
Tempel	Tempio
Tijdperk	Era
Vergeten	Dimenticato

Astronomie
Astronomia

Aarde	Terra
Asteroïde	Asteroide
Astronaut	Astronauta
Astronoom	Astronomo
Equinox	Equinozio
Komeet	Cometa
Kosmos	Cosmo
Maan	Luna
Meteoor	Meteora
Nevel	Nebulosa
Observatorium	Osservatorio
Planeet	Pianeta
Raket	Razzo
Satelliet	Satellite
Ster	Stella
Sterrenbeeld	Costellazione
Straling	Radiazione
Telescoop	Telescopio
Universum	Universo
Zwaartekracht	Gravità

Avontuur
Avventura

Activiteit	Attività
Bestemming	Destinazione
Enthousiasme	Entusiasmo
Excursie	Escursione
Gevaarlijk	Pericoloso
Kans	Caso
Moed	Coraggio
Moeilijkheid	Difficoltà
Natuur	Natura
Navigatie	Navigazione
Nieuw	Nuovo
Ongewoon	Insolito
Reizen	Viaggi
Schoonheid	Bellezza
Uitdagingen	Sfide
Veiligheid	Sicurezza
Verrassend	Sorprendente
Voorbereiding	Preparazione
Vreugde	Gioia
Vrienden	Amici

Ballet
Balletto

Applaus	Applauso
Artistiek	Artistico
Ballerina	Ballerina
Choreografie	Coreografia
Componist	Compositore
Dansers	Ballerini
Expressief	Espressivo
Gebaar	Gesto
Intensiteit	Intensità
Muziek	Musica
Orkest	Orchestra
Praktijk	Pratica
Publiek	Pubblico
Repetitie	Prova
Ritme	Ritmo
Sierlijk	Grazioso
Spieren	Muscoli
Stijl	Stile
Techniek	Tecnica
Vaardigheid	Abilità

Barbecues
Barbecue

Diner	Cena
Familie	Famiglia
Fruit	Frutta
Grill	Griglia
Groente	Verdure
Heet	Caldo
Honger	Fame
Kip	Pollo
Lunch	Pranzo
Messen	Coltelli
Muziek	Musica
Peper	Pepe
Salades	Insalate
Saus	Salsa
Tomaten	Pomodori
Uien	Cipolle
Uitnodiging	Invito
Vorken	Forchette
Zomer	Estate
Zout	Sale

Beroepen #1
Professioni #1

Advocaat	Avvocato
Ambassadeur	Ambasciatore
Apotheker	Farmacista
Astronoom	Astronomo
Atleet	Atleta
Bankier	Banchiere
Cartograaf	Cartografo
Danser	Ballerino
Dierenarts	Veterinario
Dokter	Medico
Editor	Editore
Geoloog	Geologo
Jager	Cacciatore
Juwelier	Gioielliere
Loodgieter	Idraulico
Muzikant	Musicista
Pianist	Pianista
Psycholoog	Psicologo
Verpleegster	Infermiera
Wetenschapper	Scienziato

Beroepen #2
Professioni #2

Arts	Medico
Astronaut	Astronauta
Bibliothecaris	Bibliotecario
Bioloog	Biologo
Boer	Agricoltore
Chirurg	Chirurgo
Detective	Detective
Filosoof	Filosofo
Fotograaf	Fotografo
Illustrator	Illustratore
Ingenieur	Ingegnere
Journalist	Giornalista
Leraar	Insegnante
Linguïst	Linguista
Onderzoeker	Ricercatore
Piloot	Pilota
Schilder	Pittore
Tandarts	Dentista
Tuinman	Giardiniere
Uitvinder	Inventore

Bijen
Api

Bijenkorf	Alveare
Bloemen	Fiori
Bloesem	Fiorire
Diversiteit	Diversità
Ecosysteem	Ecosistema
Fruit	Frutta
Habitat	Habitat
Honing	Miele
Insect	Insetto
Koningin	Regina
Planten	Piante
Rook	Fumo
Stuifmeel	Polline
Tuin	Giardino
Vleugels	Ali
Voedsel	Cibo
Voordelig	Benefico
Was	Cera
Zon	Sole
Zwerm	Sciame

Bijvoeglijke Naamwoorden
Aggettivi #1

Aantrekkelijk	Attraente
Actief	Attivo
Ambitieus	Ambizioso
Aromatisch	Aromatico
Artistiek	Artistico
Belangrijk	Importante
Diep	Profondo
Donker	Scuro
Dun	Sottile
Eerlijk	Onesto
Exotisch	Esotico
Identiek	Identico
Jong	Giovane
Lang	Lungo
Langzaam	Lento
Modern	Moderno
Onschuldig	Innocente
Perfect	Perfetto
Waardevol	Prezioso
Zwaar	Pesante

Bijvoeglijke Naamwoorden
Aggettivi #2

Authentiek	Autentico
Begaafd	Dotato
Beschrijvend	Descrittivo
Creatief	Creativo
Dramatisch	Drammatico
Gezond	Sano
Hongerig	Affamato
Interessant	Interessante
Moe	Stanco
Natuurlijk	Naturale
Nieuw	Nuovo
Normaal	Normale
Productief	Produttivo
Slaperig	Assonnato
Sterk	Forte
Trots	Orgoglioso
Verantwoordelijk	Responsabile
Wild	Selvaggio
Zout	Salato
Zuiver	Puro

Biologie
Biologia

Ademhaling	Respirazione
Anatomie	Anatomia
Cel	Cellula
Chromosoom	Cromosoma
Collageen	Collagene
Eiwit	Proteina
Embryo	Embrione
Enzym	Enzima
Evolutie	Evoluzione
Fotosynthese	Fotosintesi
Hormoon	Ormone
Mutatie	Mutazione
Natuurlijk	Naturale
Neuron	Neurone
Osmose	Osmosi
Reptiel	Rettile
Symbiose	Simbiosi
Synaps	Sinapsi
Zenuw	Nervo
Zoogdier	Mammifero

Bloemen
Fiori

Bloemblad	Petalo
Boeket	Mazzo
Gardenia	Gardenia
Hibiscus	Ibisco
Jasmijn	Gelsomino
Klaver	Trifoglio
Lavendel	Lavanda
Lelie	Giglio
Lila	Lilla
Madeliefje	Margherita
Magnolia	Magnolia
Narcis	Narciso
Orchidee	Orchidea
Papaver	Papavero
Passiebloem	Passiflora
Pioenroos	Peonia
Plumeria	Plumeria
Roos	Rosa
Tulp	Tulipano
Zonnebloem	Girasole

Boeken
Libri

Auteur	Autore
Avontuur	Avventura
Bladzijde	Pagina
Collectie	Collezione
Context	Contesto
Dualiteit	Dualità
Episch	Epico
Geschreven	Scritto
Historisch	Storico
Humoristisch	Umoristico
Inventief	Inventivo
Karakter	Carattere
Lezer	Lettore
Literair	Letterario
Poëzie	Poesia
Relevant	Rilevante
Roman	Romanzo
Tragisch	Tragico
Verhaal	Storia
Verteller	Narratore

Boerderij #1
Fattoria #1

Bij	Ape
Ezel	Asino
Geit	Capra
Hek	Recinto
Hond	Cane
Honing	Miele
Hooi	Fieno
Kalf	Vitello
Kat	Gatto
Kip	Pollo
Koe	Mucca
Kraai	Corvo
Kudde	Gregge
Landbouw	Agricoltura
Mest	Fertilizzante
Paard	Cavallo
Rijst	Riso
Veld	Campo
Water	Acqua
Zaden	Semi

Boerderij #2
Fattoria #2

Bijenkorf	Alveare
Boer	Agricoltore
Boomgaard	Frutteto
Dieren	Animali
Eend	Anatra
Fruit	Frutta
Gerst	Orzo
Groente	Verdura
Herder	Pastore
Irrigatie	Irrigazione
Lam	Agnello
Lama	Lama
Maïs	Mais
Melk	Latte
Schaap	Pecora
Schuur	Fienile
Tarwe	Grano
Tractor	Trattore
Voedsel	Cibo
Weide	Prato

Boten
Imbarcazioni

Anker	Ancora
Bemanning	Equipaggio
Boei	Boa
Dok	Dock
Golven	Onde
Jacht	Yacht
Kajak	Kayak
Kano	Canoa
Maritiem	Marittimo
Mast	Albero
Meer	Lago
Motor	Motore
Nautisch	Nautico
Oceaan	Oceano
Rivier	Fiume
Touw	Corda
Veerboot	Traghetto
Vlot	Zattera
Zee	Mare
Zeilboot	Barca a Vela

Camping
Campeggio

Avontuur	Avventura
Berg	Montagna
Bomen	Alberi
Bos	Foresta
Brand	Fuoco
Cabine	Cabina
Dieren	Animali
Hangmat	Amaca
Hoed	Cappello
Insect	Insetto
Jacht	Caccia
Kaart	Mappa
Kano	Canoa
Kompas	Bussola
Lantaarn	Lanterna
Maan	Luna
Meer	Lago
Natuur	Natura
Tent	Tenda
Touw	Corda

Chemie
Chimica

Alkalisch	Alcalino
Chloor	Cloro
Elektron	Elettrone
Enzym	Enzima
Gas	Gas
Gewicht	Peso
Ion	Ione
Katalysator	Catalizzatore
Koolstof	Carbonio
Metalen	Metalli
Molecuul	Molecola
Organisch	Organico
Reactie	Reazione
Temperatuur	Temperatura
Vloeistof	Liquido
Warmte	Calore
Waterstof	Idrogeno
Zout	Sale
Zuur	Acido
Zuurstof	Ossigeno

Chocolade
Cioccolato

Antioxidant	Antiossidante
Aroma	Aroma
Bitter	Amaro
Cacao	Cacao
Calorieën	Calorie
Exotisch	Esotico
Favoriet	Preferito
Heerlijk	Delizioso
Ingrediënt	Ingrediente
Karamel	Caramello
Kokosnoot	Noce di Cocco
Kwaliteit	Qualità
Pinda'S	Arachidi
Poeder	Polvere
Recept	Ricetta
Smaak	Gusto
Snoep	Caramella
Suiker	Zucchero
Verlangen	Brama
Zoet	Dolce

Creativiteit
Creatività

Artistiek	Artistico
Beeld	Immagine
Dramatisch	Drammatico
Echtheid	Autenticità
Emoties	Emozioni
Gevoel	Sensazione
Gevoelens	Sentimenti
Helderheid	Chiarezza
Indruk	Impressione
Inspiratie	Ispirazione
Intensiteit	Intensità
Intuïtie	Intuizione
Inventief	Inventivo
Spontaan	Spontaneo
Uitdrukking	Espressione
Vaardigheid	Abilità
Verbeelding	Immaginazione
Visioenen	Visioni
Vitaliteit	Vitalità
Vloeibaarheid	Fluidità

Dagen en Maanden
Giorni e Mesi

Augustus	Agosto
Dinsdag	Martedì
Donderdag	Giovedì
Februari	Febbraio
Jaar	Anno
Januari	Gennaio
Juli	Luglio
Juni	Giugno
Kalender	Calendario
Maand	Mese
Maandag	Lunedì
Maart	Marzo
November	Novembre
Oktober	Ottobre
September	Settembre
Vrijdag	Venerdì
Week	Settimana
Woensdag	Mercoledì
Zaterdag	Sabato
Zondag	Domenica

Dans
Danza

Academie	Accademia
Beweging	Movimento
Blij	Gioioso
Choreografie	Coreografia
Cultureel	Culturale
Cultuur	Cultura
Emotie	Emozione
Expressief	Espressivo
Genade	Grazia
Houding	Postura
Klassiek	Classico
Kunst	Arte
Lichaam	Corpo
Muziek	Musica
Partner	Compagno
Repetitie	Prova
Ritme	Ritmo
Springen	Salto
Traditioneel	Tradizionale
Visueel	Visivo

De Media
I Media

Advertenties	Pubblicità
Commercieel	Commerciale
Communicatie	Comunicazione
Digitaal	Digitale
Editie	Edizione
Feiten	Fatti
Financiering	Finanziamento
Individueel	Individuale
Industrie	Industria
Intellectueel	Intellettuale
Kranten	Giornali
Lokaal	Locale
Mening	Opinione
Netwerk	Rete
Onderwijs	Educazione
Online	Online
Publiek	Pubblico
Radio	Radio
Televisie	Televisione
Tijdschriften	Riviste

Diplomatie
Diplomazia

Adviseur	Consigliere
Ambassade	Ambasciata
Ambassadeur	Ambasciatore
Burgers	Cittadini
Conflict	Conflitto
Diplomatiek	Diplomatico
Discussie	Discussione
Ethiek	Etica
Gemeenschap	Comunità
Gerechtigheid	Giustizia
Humanitair	Umanitario
Integriteit	Integrità
Oplossing	Soluzione
Politiek	Politica
Regering	Governo
Resolutie	Risoluzione
Samenwerking	Cooperazione
Talen	Lingue
Veiligheid	Sicurezza
Verdrag	Trattato

Ecologie
Ecologia

Bergen	Montagne
Diversiteit	Diversità
Droogte	Siccità
Duurzaam	Sostenibile
Fauna	Fauna
Flora	Flora
Gemeenschappen	Comunità
Globaal	Globale
Habitat	Habitat
Klimaat	Clima
Marinier	Marino
Moeras	Palude
Natuur	Natura
Natuurlijk	Naturale
Overleving	Sopravvivenza
Planten	Piante
Soort	Specie
Variëteit	Varietà
Vegetatie	Vegetazione
Vrijwilligers	Volontari

Emoties
Emozioni

Angst	Paura
Beschaamd	Imbarazzato
Dankbaar	Grato
Droefheid	Tristezza
Gelukzaligheid	Beatitudine
Inhoud	Contenuto
Kalm	Calma
Liefde	Amore
Ontspannen	Rilassato
Opgewonden	Eccitato
Rust	Tranquillità
Sympathie	Simpatia
Tederheid	Tenerezza
Tevreden	Soddisfatto
Verrassing	Sorpresa
Verveling	Noia
Vrede	Pace
Vreugde	Gioia
Vriendelijkheid	Gentilezza
Woede	Rabbia

Energie
Energia

Accu	Batteria
Benzine	Benzina
Brandstof	Carburante
Diesel	Diesel
Elektrisch	Elettrico
Elektron	Elettrone
Entropie	Entropia
Foton	Fotone
Hernieuwbaar	Rinnovabile
Industrie	Industria
Koolstof	Carbonio
Motor	Motore
Nucleair	Nucleare
Omgeving	Ambiente
Stoom	Vapore
Turbine	Turbina
Vervuiling	Inquinamento
Warmte	Calore
Waterstof	Idrogeno
Wind	Vento

Engineering
Ingegneria

As	Asse
Berekening	Calcolo
Beweging	Movimento
Bouw	Costruzione
Diagram	Diagramma
Diameter	Diametro
Diepte	Profondità
Diesel	Diesel
Energie	Energia
Hoek	Angolo
Kracht	Forza
Machine	Macchina
Meting	Misurazione
Motor	Motore
Rotatie	Rotazione
Stabiliteit	Stabilità
Structuur	Struttura
Vloeistof	Liquido
Voortstuwing	Propulsione
Wrijving	Attrito

Eten #1
Cibo #1

Aardbei	Fragola
Abrikoos	Albicocca
Basilicum	Basilico
Citroen	Limone
Gerst	Orzo
Kaneel	Cannella
Knoflook	Aglio
Melk	Latte
Peer	Pera
Pinda	Arachidi
Salade	Insalata
Sap	Succo
Soep	Minestra
Spinazie	Spinaci
Suiker	Zucchero
Tonijn	Tonno
Ui	Cipolla
Vlees	Carne
Wortel	Carota
Zout	Sale

Eten #2
Cibo #2

Amandel	Mandorla
Ananas	Ananas
Appel	Mela
Asperge	Asparago
Aubergine	Melanzana
Banaan	Banana
Broccoli	Broccolo
Brood	Pane
Druif	Uva
Ei	Uovo
Ham	Prosciutto
Kaas	Formaggio
Kip	Pollo
Kiwi	Kiwi
Perzik	Pesca
Rijst	Riso
Tarwe	Grano
Tomaat	Pomodoro
Vis	Pesce
Yoghurt	Yogurt

Familie
Famiglia

Broer	Fratello
Dochter	Figlia
Grootmoeder	Nonna
Jeugd	Infanzia
Kind	Bambino
Kinderen	Bambini
Kleinzoon	Nipote
Man	Marito
Moeder	Madre
Neef	Nipote
Nicht	Nipote
Oom	Zio
Opa	Nonno
Tante	Zia
Tweeling	Gemelli
Vader	Padre
Vaderlijk	Paterno
Voorouder	Antenato
Vrouw	Moglie
Zus	Sorella

Fruit
Frutta

Abrikoos	Albicocca
Ananas	Ananas
Appel	Mela
Avocado	Avocado
Banaan	Banana
Bes	Bacca
Citroen	Limone
Druif	Uva
Framboos	Lampone
Kers	Ciliegia
Kiwi	Kiwi
Kokosnoot	Noce di Cocco
Mango	Mango
Meloen	Melone
Nectarine	Nettarina
Oranje	Arancia
Papaja	Papaia
Peer	Pera
Perzik	Pesca
Pruim	Prugna

Gebouwen
Edifici

Ambassade	Ambasciata
Appartement	Appartamento
Bioscoop	Cinema
Boerderij	Fattoria
Cabine	Cabina
Fabriek	Fabbrica
Hotel	Hotel
Kasteel	Castello
Laboratorium	Laboratorio
Museum	Museo
Observatorium	Osservatorio
School	Scuola
Schuur	Fienile
Stadion	Stadio
Supermarkt	Supermercato
Tent	Tenda
Theater	Teatro
Toren	Torre
Universiteit	Università
Ziekenhuis	Ospedale

Geografie
Geografia

Atlas	Atlante
Berg	Montagna
Breedtegraad	Latitudine
Continent	Continente
Eiland	Isola
Evenaar	Equatore
Halfrond	Emisfero
Hoogte	Altitudine
Kaart	Mappa
Land	Paese
Meridiaan	Meridiano
Noorden	Nord
Oceaan	Oceano
Regio	Regione
Rivier	Fiume
Stad	Città
Wereld	Mondo
Westen	Ovest
Zee	Mare
Zuiden	Sud

Geologie
Geologia

Aardbeving	Terremoto
Calcium	Calcio
Continent	Continente
Erosie	Erosione
Fossiel	Fossile
Geiser	Geyser
Gesmolten	Fuso
Grot	Caverna
Koraal	Corallo
Kristallen	Cristalli
Kwarts	Quarzo
Laag	Strato
Lava	Lava
Plateau	Altopiano
Stalactiet	Stalattite
Steen	Pietra
Vulkaan	Vulcano
Zone	Zona
Zout	Sale
Zuur	Acido

Geometrie
Geometria

Berekening	Calcolo
Cirkel	Cerchio
Curve	Curva
Diameter	Diametro
Dimensie	Dimensione
Driehoek	Triangolo
Hoek	Angolo
Hoogte	Altezza
Horizontaal	Orizzontale
Logica	Logica
Massa	Massa
Mediaan	Mediano
Oppervlak	Superficie
Parallel	Parallelo
Segment	Segmento
Symmetrie	Simmetria
Theorie	Teoria
Vergelijking	Equazione
Verticaal	Verticale
Vierkant	Quadrato

Getallen
Numeri

Acht	Otto
Achttien	Diciotto
Dertien	Tredici
Drie	Tre
Een	Uno
Negen	Nove
Negentien	Diciannove
Nul	Zero
Tien	Dieci
Twaalf	Dodici
Twee	Due
Twintig	Venti
Veertien	Quattordici
Vier	Quattro
Vijf	Cinque
Vijftien	Quindici
Zes	Sei
Zestien	Sedici
Zeven	Sette
Zeventien	Diciassette

Gezondheid en Welzijn #1
Salute e Benessere #1

Actief	Attivo
Apotheek	Farmacia
Bacteriën	Batteri
Behandeling	Trattamento
Breuk	Frattura
Dokter	Medico
Gewoonte	Abitudine
Honger	Fame
Hoogte	Altezza
Hormonen	Ormoni
Huid	Pelle
Kliniek	Clinica
Letsel	Lesione
Medicijn	Medicina
Ontspanning	Rilassamento
Reflex	Riflesso
Spieren	Muscoli
Therapie	Terapia
Virus	Virus
Zenuwen	Nervi

Gezondheid en Welzijn #2
Salute e Benessere #2

Allergie	Allergia
Anatomie	Anatomia
Bloed	Sangue
Calorie	Caloria
Dieet	Dieta
Energie	Energia
Genetica	Genetica
Gewicht	Peso
Gezond	Sano
Herstel	Recupero
Hygiëne	Igiene
Infectie	Infezione
Lichaam	Corpo
Massage	Massaggio
Spijsvertering	Digestione
Stress	Stress
Vitamine	Vitamina
Voeding	Nutrizione
Ziekenhuis	Ospedale
Ziekte	Malattia

Groenten
Verdure

Artisjok	Carciofo
Aubergine	Melanzana
Broccoli	Broccolo
Erwt	Pisello
Gember	Zenzero
Knoflook	Aglio
Komkommer	Cetriolo
Olijf	Oliva
Paddestoel	Fungo
Peterselie	Prezzemolo
Pompoen	Zucca
Raap	Rapa
Radijs	Ravanello
Salade	Insalata
Selderij	Sedano
Sjalot	Scalogno
Spinazie	Spinaci
Tomaat	Pomodoro
Ui	Cipolla
Wortel	Carota

Haartypes
Tipi di Capelli

Blond	Biondo
Bruin	Marrone
Dik	Spessore
Droog	Asciutto
Dun	Sottile
Gekleurd	Colorato
Gevlochten	Intrecciato
Gezond	Sano
Glimmend	Lucido
Golvend	Ondulato
Grijs	Grigio
Kaal	Calvo
Kort	Breve
Krullen	Riccioli
Krullend	Riccio
Lang	Lungo
Wit	Bianco
Zacht	Morbido
Zilver	Argento
Zwart	Nero

Herbalisme
Erboristeria

Aromatisch	Aromatico
Basilicum	Basilico
Bloem	Fiore
Culinair	Culinario
Dille	Aneto
Dragon	Dragoncello
Groen	Verde
Ingrediënt	Ingrediente
Knoflook	Aglio
Kwaliteit	Qualità
Lavendel	Lavanda
Marjolein	Maggiorana
Oregano	Origano
Peterselie	Prezzemolo
Rozemarijn	Rosmarino
Saffraan	Zafferano
Smaak	Gusto
Tijm	Timo
Tuin	Giardino
Venkel	Finocchio

Het Bedrijf
L'Azienda

Beslissing	Decisione
Creatief	Creativo
Eenheden	Unità
Genereren	Generare
Globaal	Globale
Industrie	Industria
Inkomsten	Reddito
Innovatief	Innovativo
Investering	Investimento
Kwaliteit	Qualità
Loon	Salari
Mogelijkheid	Possibilità
Presentatie	Presentazione
Product	Prodotto
Professioneel	Professionale
Reputatie	Reputazione
Risico'S	Rischi
Trends	Tendenze
Vooruitgang	Progresso
Werkgelegenheid	Occupazione

Huis
Casa

Bezem	Scopa
Bibliotheek	Biblioteca
Dak	Tetto
Deur	Porta
Douche	Doccia
Garage	Garage
Haard	Camino
Hek	Recinto
Kamer	Camera
Kelder	Scantinato
Keuken	Cucina
Lamp	Lampada
Meubilair	Mobilio
Muur	Parete
Plafond	Soffitto
Spiegel	Specchio
Tapijt	Tappeto
Trap	Scale
Tuin	Giardino
Zolder	Attico

Installaties
Piante

Bamboe	Bambù
Bes	Bacca
Blad	Foglia
Bloem	Fiore
Bloesem	Fiorire
Boom	Albero
Boon	Fagiolo
Bos	Foresta
Cactus	Cactus
Flora	Flora
Gebladerte	Fogliame
Gras	Erba
Klimop	Edera
Mest	Fertilizzante
Mos	Muschio
Plantkunde	Botanica
Struik	Cespuglio
Tuin	Giardino
Vegetatie	Vegetazione
Wortel	Radice

Jazz
Jazz

Album	Album
Applaus	Applauso
Artiest	Artista
Beroemd	Famoso
Componist	Compositore
Concert	Concerto
Favorieten	Preferiti
Genre	Genere
Invloed	Influenze
Lied	Canzone
Muziek	Musica
Nadruk	Enfasi
Nieuw	Nuovo
Orkest	Orchestra
Oud	Vecchio
Ritme	Ritmo
Samenstelling	Composizione
Stijl	Stile
Talent	Talento
Techniek	Tecnica

Keuken
Cucina

Cup	Tazze
Eetstokjes	Bacchette
Grill	Griglia
Ketel	Bollitore
Koelkast	Frigorifero
Kom	Ciotola
Kruik	Brocca
Lepels	Cucchiai
Messen	Coltelli
Oven	Forno
Pollepel	Mestolo
Pot	Vaso
Recept	Ricetta
Schort	Grembiule
Servet	Tovagliolo
Specerijen	Spezie
Spons	Spugna
Voedsel	Cibo
Vorken	Forchette
Vriezer	Congelatore

Kleding
Vestiti

Armband	Braccialetto
Blouse	Camicetta
Broek	Pantaloni
Handschoenen	Guanti
Hoed	Cappello
Jas	Cappotto
Jasje	Giacca
Jurk	Abito
Ketting	Collana
Mode	Moda
Pyjama	Pigiama
Riem	Cintura
Rok	Gonna
Sandalen	Sandali
Schoen	Scarpa
Schort	Grembiule
Shirt	Camicia
Sjaal	Sciarpa
Sokken	Calzini
Trui	Maglione

Koffie
Caffè

Aroma	Aroma
Beker	Tazza
Bitter	Amaro
Cafeïne	Caffeina
Drank	Bevanda
Filter	Filtro
Geroosterd	Arrostito
Malen	Macinare
Melk	Latte
Ochtend	Mattina
Oorsprong	Origine
Prijs	Prezzo
Room	Crema
Smaak	Gusto
Suiker	Zucchero
Variëteit	Varietà
Vloeistof	Liquido
Water	Acqua
Zuur	Acido
Zwart	Nero

Kracht en Zwaartekracht
Forza e Gravità

Afstand	Distanza
As	Asse
Baan	Orbita
Beweging	Movimento
Centrum	Centro
Druk	Pressione
Dynamisch	Dinamico
Eigendommen	Proprietà
Gewicht	Peso
Impact	Impatto
Magnetisme	Magnetismo
Mechanica	Meccanica
Natuurkunde	Fisica
Ontdekking	Scoperta
Planeten	Pianeti
Snelheid	Velocità
Tijd	Tempo
Uitbreiding	Espansione
Universeel	Universale
Wrijving	Attrito

Kunst
Arte

Beeldhouwwerk	Scultura
Complex	Complesso
Creëren	Creare
Eenvoudig	Semplice
Eerlijk	Onesto
Figuur	Figura
Geïnspireerd	Ispirato
Humeur	Umore
Keramisch	Ceramica
Onderwerp	Soggetto
Origineel	Originale
Persoonlijk	Personale
Poëzie	Poesia
Portretteren	Ritrarre
Samenstelling	Composizione
Schilderijen	Dipinti
Surrealisme	Surrealismo
Symbool	Simbolo
Uitdrukking	Espressione
Visueel	Visivo

Kunstbenodigdheden
Forniture Artistiche

Acryl	Acrilico
Aquarellen	Acquerelli
Borstels	Spazzole
Camera	Telecamera
Creativiteit	Creatività
Ezel	Cavalletto
Gom	Gomma
Houtskool	Carbone
Inkt	Inchiostro
Klei	Argilla
Kleuren	Colori
Lijm	Colla
Olie	Olio
Papier	Carta
Pastel	Pastelli
Potloden	Matite
Stoel	Sedia
Tafel	Tavolo
Verf	Vernici
Water	Acqua

Landen #1
Paesi #1

België	Belgio
Brazilië	Brasile
Cambodja	Cambogia
Canada	Canada
Chili	Cile
Duitsland	Germania
Egypte	Egitto
Irak	Iraq
Israël	Israele
Italië	Italia
Letland	Lettonia
Libië	Libia
Marokko	Marocco
Nicaragua	Nicaragua
Noorwegen	Norvegia
Panama	Panama
Polen	Polonia
Roemenië	Romania
Senegal	Senegal
Spanje	Spagna

Landen #2
Paesi #2

Denemarken	Danimarca
Ethiopië	Etiopia
Frankrijk	Francia
Griekenland	Grecia
Ierland	Irlanda
Indonesië	Indonesia
Japan	Giappone
Kenia	Kenya
Laos	Laos
Libanon	Libano
Liberia	Liberia
Maleisië	Malaysia
Mexico	Messico
Nepal	Nepal
Nigeria	Nigeria
Oeganda	Uganda
Oekraïne	Ucraina
Rusland	Russia
Somalië	Somalia
Syrië	Siria

Landschappen
Paesaggi

Berg	Montagna
Eiland	Isola
Geiser	Geyser
Gletsjer	Ghiacciaio
Grot	Grotta
Heuvel	Collina
Ijsberg	Iceberg
Meer	Lago
Moeras	Palude
Oase	Oasi
Oceaan	Oceano
Rivier	Fiume
Schiereiland	Penisola
Strand	Spiaggia
Toendra	Tundra
Vallei	Valle
Vulkaan	Vulcano
Waterval	Cascata
Woestijn	Deserto
Zee	Mare

Literatuur
Letteratura

Analogie	Analogia
Analyse	Analisi
Anekdote	Aneddoto
Auteur	Autore
Biografie	Biografia
Conclusie	Conclusione
Dialoog	Dialogo
Fictie	Finzione
Gedicht	Poesia
Mening	Opinione
Metafoor	Metafora
Poëtisch	Poetico
Rijm	Rima
Ritme	Ritmo
Roman	Romanzo
Stijl	Stile
Thema	Tema
Tragedie	Tragedia
Vergelijking	Confronto
Verteller	Narratore

Meditatie
Meditazione

Aandacht	Attenzione
Aanvaarding	Accettazione
Ademhaling	Respirazione
Beweging	Movimento
Dankbaarheid	Gratitudine
Emoties	Emozioni
Gedachten	Pensieri
Geluk	Felicità
Helderheid	Chiarezza
Houding	Postura
Mededogen	Compassione
Mentaal	Mentale
Muziek	Musica
Natuur	Natura
Observatie	Osservazione
Perspectief	Prospettiva
Stilte	Silenzio
Vrede	Pace
Vriendelijkheid	Gentilezza
Wakker	Sveglio

Meer Informatie
Fantascienza

Bioscoop	Cinema
Boeken	Libri
Brand	Fuoco
Denkbeeldig	Immaginario
Dystopie	Distopia
Explosie	Esplosione
Extreem	Estremo
Fantastisch	Fantastico
Futuristisch	Futuristico
Illusie	Illusione
Mysterieus	Misterioso
Orakel	Oracolo
Planeet	Pianeta
Realistisch	Realistico
Robots	Robot
Scenario	Scenario
Sterrenstelsel	Galassia
Technologie	Tecnologia
Utopie	Utopia
Wereld	Mondo

Menselijk Lichaam
Corpo Umano

Been	Gamba
Bloed	Sangue
Elleboog	Gomito
Enkel	Caviglia
Hand	Mano
Hart	Cuore
Hersenen	Cervello
Hoofd	Testa
Huid	Pelle
Kaak	Mascella
Kin	Mento
Knie	Ginocchio
Maag	Stomaco
Mond	Bocca
Nek	Collo
Neus	Naso
Oor	Orecchio
Schouder	Spalla
Tong	Lingua
Vinger	Dito

Metingen
Misurazioni

Breedte	Larghezza
Byte	Byte
Centimeter	Centimetro
Decimaal	Decimale
Diepte	Profondità
Gewicht	Peso
Gram	Grammo
Hoogte	Altezza
Inch	Pollice
Kilogram	Chilogrammo
Kilometer	Chilometro
Lengte	Lunghezza
Liter	Litro
Massa	Massa
Meter	Metro
Minuut	Minuto
Ons	Oncia
Pint	Pinta
Ton	Tonnellata
Volume	Volume

Mode
Moda

Afmetingen	Misure
Bescheiden	Modesto
Borduurwerk	Ricamo
Comfortabel	Confortevole
Duur	Caro
Eenvoudig	Semplice
Elegant	Elegante
Kant	Pizzo
Kleding	Abbigliamento
Knop	Pulsanti
Minimalistisch	Minimalista
Modern	Moderno
Origineel	Originale
Patroon	Modello
Praktisch	Pratico
Stijl	Stile
Stof	Tessuto
Textuur	Trama
Trend	Tendenza
Winkel	Boutique

Muziek
Musica

Album	Album
Ballade	Ballata
Harmonie	Armonia
Improviseren	Improvvisare
Instrument	Strumento
Klassiek	Classico
Koor	Coro
Lyrisch	Lirico
Melodie	Melodia
Microfoon	Microfono
Muzikaal	Musicale
Muzikant	Musicista
Opera	Opera
Opname	Registrazione
Poëtisch	Poetico
Ritme	Ritmo
Ritmisch	Ritmico
Tempo	Tempo
Zanger	Cantante
Zingen	Cantare

Muziekinstrumenten
Strumenti Musicali

Banjo	Banjo
Cello	Violoncello
Fagot	Fagotto
Fluit	Flauto
Gitaar	Chitarra
Gong	Gong
Harp	Arpa
Hobo	Oboe
Klarinet	Clarinetto
Mandoline	Mandolino
Marimba	Marimba
Mondharmonica	Armonica
Percussie	Percussione
Piano	Pianoforte
Saxofoon	Sassofono
Tamboerijn	Tamburello
Trombone	Trombone
Trommel	Tamburo
Trompet	Tromba
Viool	Violino

Mythologie
Mitologia

Archetype	Archetipo
Bliksem	Fulmine
Creatie	Creazione
Cultuur	Cultura
Donder	Tuono
Doolhof	Labirinto
Gedrag	Comportamento
Held	Eroe
Heldin	Eroina
Hemel	Paradiso
Jaloezie	Gelosia
Kracht	Forza
Krijger	Guerriero
Legende	Leggenda
Monster	Mostro
Onsterfelijkheid	Immortalità
Ramp	Disastro
Sterfelijk	Mortale
Wezen	Creatura
Wraak	Vendetta

Natuur
Natura

Arctisch	Artico
Bijen	Api
Bos	Foresta
Dieren	Animali
Dynamisch	Dinamico
Erosie	Erosione
Gebladerte	Fogliame
Gletsjer	Ghiacciaio
Heiligdom	Santuario
Klippen	Scogliere
Mist	Nebbia
Rivier	Fiume
Schoonheid	Bellezza
Schuilplaats	Rifugio
Sereen	Sereno
Tropisch	Tropicale
Vitaal	Vitale
Wild	Selvaggio
Woestijn	Deserto
Wolken	Nuvole

Natuurkunde
Fisica

Atoom	Atomo
Chaos	Caos
Chemisch	Chimico
Deeltje	Particella
Dichtheid	Densità
Elektron	Elettrone
Experiment	Esperimento
Formule	Formula
Frequentie	Frequenza
Gas	Gas
Magnetisme	Magnetismo
Massa	Massa
Mechanica	Meccanica
Molecuul	Molecola
Motor	Motore
Relativiteit	Relatività
Snelheid	Velocità
Universeel	Universale
Versnelling	Accelerazione
Zwaartekracht	Gravità

Oceaan
Oceano

Aal	Anguilla
Algen	Alghe
Boot	Barca
Dolfijn	Delfino
Garnaal	Gamberetto
Getijden	Maree
Haai	Squalo
Koraal	Corallo
Krab	Granchio
Kwal	Medusa
Octopus	Polpo
Oester	Ostrica
Rif	Scogliera
Schildpad	Tartaruga
Spons	Spugna
Storm	Tempesta
Tonijn	Tonno
Vis	Pesce
Walvis	Balena
Zout	Sale

Opwarming van de Aarde
Riscaldamento Globale

Aandacht	Attenzione
Arctisch	Artico
Crisis	Crisi
Energie	Energia
Gas	Gas
Gegevens	Dati
Generaties	Generazioni
Gevolgen	Conseguenze
Industrie	Industria
Klimaat	Clima
Mensen	Umani
Milieu	Ambientale
Nu	Ora
Ontwikkeling	Sviluppo
Regering	Governo
Temperaturen	Temperature
Toekomst	Futuro
Veranderingen	Cambiamenti
Wetenschapper	Scienziato
Wetgeving	Legislazione

Overheid
Governo

Burgerschap	Cittadinanza
Civiel	Civile
Democratie	Democrazia
Discussie	Discussione
Gelijkheid	Uguaglianza
Gerechtelijk	Giudiziario
Gerechtigheid	Giustizia
Grondwet	Costituzione
Leider	Capo
Monument	Monumento
Natie	Nazione
Nationaal	Nazionale
Politiek	Politica
Rechten	Diritti
Staat	Stato
Symbool	Simbolo
Toespraak	Discorso
Vrijheid	Libertà
Wet	Legge
Wijk	Quartiere

Psychologie
Psicologia

Afspraak	Appuntamento
Beoordeling	Valutazione
Bewusteloos	Inconscio
Cognitie	Cognizione
Conflict	Conflitto
Dromen	Sogni
Ego	Ego
Emoties	Emozioni
Ervaringen	Esperienze
Gedachten	Pensieri
Gedrag	Comportamento
Gevoel	Sensazione
Invloed	Influenze
Jeugd	Infanzia
Klinisch	Clinico
Perceptie	Percezione
Persoonlijkheid	Personalità
Probleem	Problema
Realiteit	Realtà
Therapie	Terapia

Regenwoud
Foresta Pluviale

Amfibieën	Anfibi
Behoud	Preservazione
Botanisch	Botanico
Diversiteit	Diversità
Gemeenschap	Comunità
Inheems	Indigeno
Insecten	Insetti
Jungle	Giungla
Klimaat	Clima
Mos	Muschio
Natuur	Natura
Overleving	Sopravvivenza
Respect	Rispetto
Restauratie	Restauro
Soort	Specie
Toevlucht	Rifugio
Vogels	Uccelli
Waardevol	Prezioso
Wolken	Nuvole
Zoogdieren	Mammiferi

Restaurant #1
Ristorante #1

Allergie	Allergia
Bord	Piatto
Brood	Pane
Eten	Mangiare
Ingrediënten	Ingredienti
Kassier	Cassiere
Keuken	Cucina
Kip	Pollo
Koffie	Caffè
Kom	Ciotola
Menu	Menù
Mes	Coltello
Pittig	Piccante
Reservering	Prenotazione
Saus	Salsa
Serveerster	Cameriera
Servet	Tovagliolo
Toetje	Dessert
Vlees	Carne
Voedsel	Cibo

Restaurant #2
Ristorante #2

Cake	Torta
Diner	Cena
Drank	Bevanda
Eieren	Uova
Fruit	Frutta
Groente	Verdure
Heerlijk	Delizioso
Ijs	Ghiaccio
Lepel	Cucchiaio
Lunch	Pranzo
Ober	Cameriere
Salade	Insalata
Soep	Minestra
Specerijen	Spezie
Stoel	Sedia
Vis	Pesce
Voorgerecht	Aperitivo
Vork	Forchetta
Water	Acqua
Zout	Sale

Rijden
Guida

Auto	Auto
Brandstof	Carburante
Garage	Garage
Gas	Gas
Gevaar	Pericolo
Kaart	Mappa
Licentie	Licenza
Motor	Motore
Motorfiets	Moto
Ongeluk	Incidente
Politie	Polizia
Remmen	Freni
Snelheid	Velocità
Tunnel	Tunnel
Veiligheid	Sicurezza
Verkeer	Traffico
Vervoer	Trasporto
Voetganger	Pedonale
Vrachtauto	Camion
Weg	Strada

Schaken
Scacchi

Diagonaal	Diagonale
Kampioen	Campione
Koning	Re
Koningin	Regina
Leren	Per Imparare
Offer	Sacrificio
Passief	Passivo
Punten	Punti
Reglement	Regole
Slim	Intelligente
Spel	Gioco
Speler	Giocatore
Strategie	Strategia
Tegenstander	Avversario
Tijd	Tempo
Toernooi	Torneo
Uitdagingen	Sfide
Wedstrijd	Concorso
Wit	Bianco
Zwart	Nero

Schoonheid
Bellezza

Charme	Fascino
Cosmetica	Cosmetici
Diensten	Servizi
Elegant	Elegante
Elegantie	Eleganza
Fotogeniek	Fotogenico
Genade	Grazia
Geur	Fragranza
Glad	Liscio
Huid	Pelle
Kleur	Colore
Krullen	Riccioli
Lippenstift	Rossetto
Mascara	Mascara
Producten	Prodotti
Schaar	Forbici
Shampoo	Shampoo
Spiegel	Specchio
Stilist	Stilista
Verzinnen	Trucco

Specerijen
Spezie

Anijs	Anice
Bitter	Amaro
Fenegriek	Fieno Greco
Gember	Zenzero
Kaneel	Cannella
Kardemom	Cardamomo
Kerrie	Curry
Knoflook	Aglio
Komijn	Cumino
Koriander	Coriandolo
Nootmuskaat	Noce Moscata
Paprika	Paprika
Peper	Pepe
Saffraan	Zafferano
Smaak	Gusto
Ui	Cipolla
Vanille	Vaniglia
Venkel	Finocchio
Zoet	Dolce
Zout	Sale

Stad
Città

Apotheek	Farmacia
Bakkerij	Panetteria
Bank	Banca
Bibliotheek	Biblioteca
Bioscoop	Cinema
Bloemist	Fiorista
Boekhandel	Libreria
Dierentuin	Zoo
Galerij	Galleria
Hotel	Hotel
Kliniek	Clinica
Luchthaven	Aeroporto
Markt	Mercato
Museum	Museo
School	Scuola
Stadion	Stadio
Supermarkt	Supermercato
Theater	Teatro
Universiteit	Università
Winkel	Negozio

Tijd
Tempo

Dag	Giorno
Decennium	Decennio
Eeuw	Secolo
Gisteren	Ieri
Jaar	Anno
Jaarlijks	Annuale
Kalender	Calendario
Klok	Orologio
Maand	Mese
Middag	Mezzogiorno
Minuut	Minuto
Morgen	Domani
Na	Dopo
Nacht	Notte
Ochtend	Mattina
Toekomst	Futuro
Uur	Ora
Vandaag	Oggi
Vroeg	Presto
Week	Settimana

Tuin
Giardino

Bank	Panca
Bloem	Fiore
Boom	Albero
Boomgaard	Frutteto
Garage	Garage
Gazon	Prato
Gras	Erba
Hangmat	Amaca
Hark	Rastrello
Hek	Recinto
Onkruid	Erbacce
Rotsen	Rocce
Schop	Pala
Slang	Tubo
Struik	Cespuglio
Terras	Terrazza
Trampoline	Trampolino
Tuin	Giardino
Vijver	Stagno
Wijnstok	Vite

Tuinieren
Giardinaggio

Blad	Foglia
Bloemen	Floreale
Bloesem	Fiorire
Bodem	Suolo
Boeket	Mazzo
Boomgaard	Frutteto
Botanisch	Botanico
Compost	Compost
Container	Contenitore
Eetbaar	Commestibile
Exotisch	Esotico
Gebladerte	Fogliame
Klimaat	Clima
Seizoensgebonden	Stagionale
Slang	Tubo
Soort	Specie
Vocht	Umidità
Vuil	Sporco
Water	Acqua
Zaden	Semi

Universum
Universo

Asteroïde	Asteroide
Astronomie	Astronomia
Astronoom	Astronomo
Atmosfeer	Atmosfera
Baan	Orbita
Breedtegraad	Latitudine
Dierenriem	Zodiaco
Duisternis	Buio
Evenaar	Equatore
Halfrond	Emisfero
Hemel	Cielo
Horizon	Orizzonte
Kosmisch	Cosmico
Lengtegraad	Longitudine
Maan	Luna
Sterrenstelsel	Galassia
Telescoop	Telescopio
Zichtbaar	Visibile
Zonne	Solare
Zonnewende	Solstizio

Vakantie #2
Vacanze #2

Bestemming	Destinazione
Buitenlander	Straniero
Eiland	Isola
Hotel	Hotel
Kaart	Mappa
Kamperen	Campeggio
Luchthaven	Aeroporto
Paspoort	Passaporto
Reis	Viaggio
Reserveringen	Prenotazioni
Restaurant	Ristorante
Strand	Spiaggia
Taxi	Taxi
Tent	Tenda
Trein	Treno
Vakantie	Vacanza
Vervoer	Trasporto
Visum	Visto
Vrije Tijd	Tempo Libero
Zee	Mare

Vliegtuigen
Aeroplani

Afdaling	Discesa
Atmosfeer	Atmosfera
Avontuur	Avventura
Ballon	Palloncino
Bemanning	Equipaggio
Bouw	Costruzione
Brandstof	Carburante
Geschiedenis	Storia
Hemel	Cielo
Hoogte	Altezza
Landen	Atterraggio
Lucht	Aria
Motor	Motore
Navigeren	Navigare
Ontwerp	Design
Passagier	Passeggero
Piloot	Pilota
Richting	Direzione
Turbulentie	Turbolenza
Waterstof	Idrogeno

Voeding
Nutrizione

Bitter	Amaro
Calorieën	Calorie
Dieet	Dieta
Eetbaar	Commestibile
Eetlust	Appetito
Eiwitten	Proteine
Evenwichtig	Bilanciato
Fermentatie	Fermentazione
Gewicht	Peso
Gezond	Sano
Gezondheid	Salute
Koolhydraten	Carboidrati
Kwaliteit	Qualità
Saus	Salsa
Smaak	Gusto
Spijsvertering	Digestione
Toxine	Tossina
Vitamine	Vitamina
Vloeistoffen	Liquidi
Voedingsstof	Nutriente

Voertuigen
Veicoli

Ambulance	Ambulanza
Auto	Auto
Banden	Pneumatici
Boot	Barca
Bus	Autobus
Caravan	Caravan
Fiets	Bicicletta
Helikopter	Elicottero
Metro	Metropolitana
Motor	Motore
Onderzeeër	Sottomarino
Raket	Razzo
Scooter	Scooter
Taxi	Taxi
Tractor	Trattore
Trein	Treno
Veerboot	Traghetto
Vliegtuig	Aereo
Vlot	Zattera
Vrachtauto	Camion

Vogels
Uccelli

Duif	Piccione
Eend	Anatra
Ei	Uovo
Flamingo	Fenicottero
Gans	Oca
Havik	Falco
Kip	Pollo
Koekoek	Cuculo
Meeuw	Gabbiano
Mus	Passero
Ooievaar	Cicogna
Papegaai	Pappagallo
Pauw	Pavone
Pelikaan	Pellicano
Pinguïn	Pinguino
Reiger	Airone
Struisvogel	Struzzo
Toekan	Tucano
Uil	Gufo
Zwaan	Cigno

Vormen
Forme

Bol	Sfera
Boog	Arco
Cilinder	Cilindro
Cirkel	Cerchio
Curve	Curva
Driehoek	Triangolo
Hoek	Angolo
Hyperbool	Iperbole
Kant	Lato
Kegel	Cono
Kubus	Cubo
Lijn	Linea
Ovaal	Ovale
Piramide	Piramide
Prisma	Prisma
Randen	Bordi
Rechthoek	Rettangolo
Ronde	Rotondo
Veelhoek	Poligono
Vierkant	Quadrato

Wandelen
Escursionismo

Berg	Montagna
Dieren	Animali
Gevaren	Pericoli
Kaart	Mappa
Kamperen	Campeggio
Klif	Scogliera
Klimaat	Clima
Laarzen	Stivali
Moe	Stanco
Muggen	Zanzare
Natuur	Natura
Oriëntatie	Orientamento
Parken	Parchi
Stenen	Pietre
Top	Vertice
Voorbereiding	Preparazione
Water	Acqua
Wild	Selvaggio
Zon	Sole
Zwaar	Pesante

Wetenschap
Scienza

Atoom	Atomo
Chemisch	Chimico
Deeltjes	Particelle
Evolutie	Evoluzione
Experiment	Esperimento
Feit	Fatto
Fossiel	Fossile
Gegevens	Dati
Hypothese	Ipotesi
Klimaat	Clima
Laboratorium	Laboratorio
Methode	Metodo
Mineralen	Minerali
Moleculen	Molecole
Natuur	Natura
Natuurkunde	Fisica
Observatie	Osservazione
Organisme	Organismo
Wetenschapper	Scienziato
Zwaartekracht	Gravità

Wetenschappelijke Discip
Discipline Scientifiche

Anatomie	Anatomia
Archeologie	Archeologia
Astronomie	Astronomia
Biochemie	Biochimica
Biologie	Biologia
Chemie	Chimica
Ecologie	Ecologia
Fysiologie	Fisiologia
Geologie	Geologia
Immunologie	Immunologia
Mechanica	Meccanica
Meteorologie	Meteorologia
Mineralogie	Mineralogia
Neurologie	Neurologia
Plantkunde	Botanica
Psychologie	Psicologia
Robotica	Robotica
Sociologie	Sociologia
Thermodynamica	Termodinamica
Voeding	Nutrizione

Wiskunde
Matematica

Bol	Sfera
Decimaal	Decimale
Diameter	Diametro
Divisie	Divisione
Driehoek	Triangolo
Exponent	Esponente
Fractie	Frazione
Geometrie	Geometria
Hoeken	Angoli
Omtrek	Perimetro
Parallel	Parallelo
Rechthoek	Rettangolo
Rekenkundig	Aritmetica
Som	Somma
Straal	Raggio
Symmetrie	Simmetria
Veelhoek	Poligono
Vergelijking	Equazione
Vierkant	Quadrato
Volume	Volume

Zakelijk
Attività Commerciale

Baas	Capo
Bedrijf	Società
Begroting	Bilancio
Belastingen	Tasse
Carrière	Carriera
Economie	Economia
Fabriek	Fabbrica
Financiën	Finanza
Geld	Soldi
Inkomen	Reddito
Investering	Investimento
Kantoor	Ufficio
Korting	Sconto
Kosten	Costo
Transactie	Transazione
Valuta	Valuta
Verkoop	Vendita
Werknemer	Dipendente
Winkel	Negozio
Winst	Profitto

Ziekte
Malattia

Ademhaling	Respiratorio
Allergieën	Allergie
Bacterieel	Batterico
Besmettelijk	Contagioso
Botten	Ossa
Buik	Addominale
Chronisch	Cronico
Erfelijk	Ereditario
Genetisch	Genetico
Genezing	Guarigione
Gezondheid	Salute
Hart	Cuore
Immuniteit	Immunità
Lichaam	Corpo
Neuropathie	Neuropatia
Ontsteking	Infiammazione
Sinus	Seno
Syndroom	Sindrome
Therapie	Terapia
Zwak	Debole

Zoogdieren
Mammiferi

Aap	Scimmia
Bever	Castoro
Coyote	Coyote
Dolfijn	Delfino
Ezel	Asino
Geit	Capra
Giraf	Giraffa
Gorilla	Gorilla
Hond	Cane
Kameel	Cammello
Kangoeroe	Canguro
Kat	Gatto
Konijn	Coniglio
Leeuw	Leone
Olifant	Elefante
Paard	Cavallo
Stier	Toro
Vos	Volpe
Walvis	Balena
Wolf	Lupo

Gefeliciteerd

Je hebt het gehaald!

We hopen dat u net zoveel plezier beleeft aan dit boek als wij aan het maken ervan. We doen ons best om spellen van hoge kwaliteit te maken.
Deze puzzels zijn op een slimme manier ontworpen zodat je actief kunt leren terwijl je plezier hebt!

Vond je ze mooi?

Een Eenvoudig Verzoek

Onze boeken bestaan dankzij de recensies die zij publiceren.
Kunt u ons helpen door nu een mening achter te laten ?

Hier is een korte link die u naar uw bestellingen beoordelingspagina.

BestBooksActivity.com/Recensie50

FINAAL UITDAGING!

Uitdaging nr. 1

Klaar voor uw bonusspel? We gebruiken ze de hele tijd, maar ze zijn niet zo gemakkelijk te vinden. Hier zijn **Synoniemen!**

Noteer 5 woorden die je ontdekt hebt in elk van de onderstaande puzzels (nr. 21, nr. 36, nr. 76) en probeer voor elk woord 2 synoniemen te vinden.

*Notitie 5 Woorden uit **Puzzle 21***

Woorden	Synoniem 1	Synoniem 2

*Notitie 5 Woorden uit **Puzzle 36***

Woorden	Synoniem 1	Synoniem 2

*Notitie 5 Woorden uit **Puzzle 76***

Woorden	Synoniem 1	Synoniem 2

Uitdaging nr. 2

Nu je opgewarmd bent, noteer 5 woorden die je ontdekt hebt in elke hieronder genoteerde puzzel (nr. 9, nr. 17, nr. 25) en probeer voor elk woord 2 antoniemen te vinden. Hoeveel regels kan je doen in 20 minuten?

Notitie 5 Woorden uit ***Puzzle 9***

Woorden	Antoniem 1	Antoniem 2

Notitie 5 Woorden uit ***Puzzle 17***

Woorden	Antoniem 1	Antoniem 2

Notitie 5 Woorden uit ***Puzzle 25***

Woorden	Antoniem 1	Antoniem 2

Uitdaging nr. 3

Prachtig, deze finaal uitdaging  is makkelijk voor jou!

Klaar voor de laatste? Kies je 10 favoriete woorden die je in een van de puzzels hebt ontdekt en noteer ze hieronder.

1.	6.
2.	7.
3.	8.
4.	9.
5.	10.

De uitdaging is nu om met deze woorden en binnen een maximum van zes zinnen een tekst te schrijven over een persoon, dier of plaats waar je van houdt!

Tip: U kunt de laatste blanco pagina van dit boek als kladblaadje gebruiken!

Je schrijven:

NOTITIEBOEKJE:

TOT SNEL!

Linguas Classics

www.ingramcontent.com/pod-product-compliance
Lightning Source LLC
Chambersburg PA
CBHW082058120626
46553CB00011B/3447
* 9 7 9 8 8 9 6 7 0 3 8 6 0 *